만화로 배우는

딱! 쓰리
영어
회화

활용편

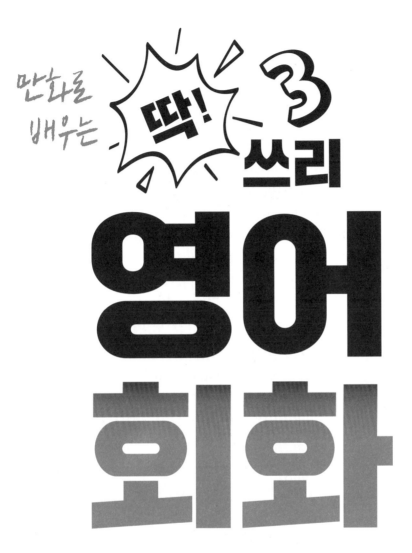

활용편

만화로 배우는 딱! 쓰리 **3**

영어회화

많이 쓰는 회화 표현
마스터 문장 41

아오키 유카 · 호시노 유미 지음 | 김숙희 · 강은정 옮김

비전코리아

우선 꼼수 영어란
'버리는 표현법'을 말합니다.
지금껏 사용했던
영어회화의 잘못된 방법을
'버린다'는 말입니다.

더 자세한 설명은
다음 페이지에서

그럼 제목을 왜
'버리는 영어'로
하지 않았나요?

축

그런 제목은
책이 팔리지
않는다고
해서….

하하하!
'꼼수 영어'
잘 부탁드립니다.

이런 사람을 위한
책입니다

- 학교 수업을 통해 영어를 시작해 오랫동안 공부해왔지만, 말은 하지 못하는 사람
- 영어 교재를 사서 쌓아두고 공부를 했어도 말을 하지 못하는 '영어 콤플렉스' 소유자
- 영어회화를 하려면 전자사전이든 뭐든 참고할 게 꼭 필요하다고 생각하는 사람
- '○○를 영어로 뭐라고 하나요?' 하고 끊임없이 질문하는 사람

아니, 이건 내 이야기!

안타까운 사람이죠!

말할 수 있는 것도
말하지 못하는 이유

- 단어를 모르기 때문에
- 관용구를 외워도 뒤돌아서면 잊어버려서

이런 이유 때문에 영어로 말할 수 없다고 생각하는 사람은 학생 때부터 맞고 틀리는 것만을 따지면서 '하나뿐인 정답을 찾는' 영어 공부법만 익혔기 때문입니다.

이럴 수가!

이런 생각은
할 수 있는 말도
못하게 합니다.

바꿔서 말하는 기술을 익히면
영어가 술술 나옵니다

자신이 현재 가지고 있는 영어 단어, 문장 실력만을 가지고 어떻게 응용해 말을 할 수 있을까요?

바로 이와 같은 노하우,
즉 '꼼수 영어'를
알려드리겠습니다.

차렷.

오오~ 짝짝.

마음을
움직여주세요

'개념'과 '사고' '접근법'만 안다고 되는 것이 아닙니다. "아, 네~.
이렇게 바꾸면 되는 거군요" 하고 마음이 움직여야 정말 그것이
자기 것이 됩니다.

나도 '아, 네~'
'아, 네~' 했어요.

당신도 분명
할 수 있습니다.

contents

CHAPTER 01

영어를 재미있게 익히기 위한
여섯 가지 마음가짐

CHAPTER 04

마법 상자 응용편
– 말을 바꿔보는 심화 훈련

부록

《꼼수 영어회화》
기초편 복습하기

서 로 소 개

영어를 알려주실
유카 선생님은 파워풀하고
뜨거운 감성의 소유자.
그리고 놀라울 정도로
덜렁대시죠.
(유리 창문인 줄도 모르고
뛰어 들어가는 모습을
목격한 후에 내 판단이
맞았다는 걸 확신했다.)

만화가 유미 선생님은
잘 웃는 해님 같은 사람.
그리고 나와 버금갈 정도로
자주 깜박깜박하시죠.
(전화를 하면 내 목소리를 잊고선
다른 사람으로 착각해
'네, 네' 대답하고 나서 나중에
나인 줄 알고 당황해하신다.)

아오키 유카

영어 선생님

호시노 유미

만화가

아오키 유카라고 합니다.

사람들에게
영어로 말하기를
가르치고 있습니다.
잘 부탁드려요.

저는 학교 다닐 때
영어를 잘하지도
못하지도 않았어요.

뭐 그냥저냥
일반 수준이라고
할 수 있죠.

학교의
원어민 선생님과
자주 이야기를 하면서
상승세를 탄 나는

원어민
선생님

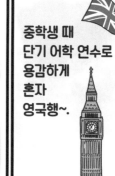

중학생 때
단기 어학 연수로
용감하게
혼자
영국행~.

그런데 내 영어가
통하질 않는 거예요!

입 닥쳐, 일본인.

소곤소곤

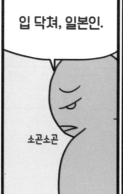

SHOCK!

번쩍

호시노 유미라고 합니다.

짬짬이 여기저기 매체에
만화를 그리고 있습니다.

학창시절
성실했던 나는
정말 열심히
영어를 공부했어요.

교과서를 통째로
암기만 했기 때문에

시험이 끝나면
스르르 사라져버리고

공부한
시간 대비
성적은
나오질 않는

영어 정말 싫어~.

비용 대비 효과가
최악인 과목이었죠.

이런 두 사람이 만났다.

저는 정말
자신이 없어요.

괜찮아요,
비법이 있어요.

영어가 최악인
사람의 대표

영어를 극복한
사람의 대표

그건 그렇고
영국에서는
왜 영어가
통하질
않았나요?

아~
그건 말이죠.

영어 선생님은
내 말을 천천히 들어주고
센스 있게 틀린 것을
고쳐주시잖아요.

이런 말이지?

그렇지만
실전은 달랐어요.
홈스테이에 도착한 저는

입실 시간이랄지,

청소라든지

꼭 지켜야
할 것 등이요.

"혹시 제가 지켜야 할
'룰'이라도 있나요?"
하고 물어보고 싶었지만….

영어를 재미있게
익히기 위한
여섯 가지 마음가짐

영어로 말하고 싶어요.
잘 부탁드립니다.

걱정 마세요.
꼼수 영어의 힘을 믿으세요.

지속적인 즐거움을 느끼자

영어회화 실력은 고개를 오르는 것처럼 조금씩 계속 향상되는 것이 아닙니다. 어느 날 갑자기 계단을 폴짝 뛰어 오르듯 쑥~ 실력이 늘어나죠. 그때까지 '지속적인 즐거움'을 느끼는 것이 정말 중요합니다. 암기뿐인 지루한 공부법으로는 계단을 오르기도 전에 좌절하기 쉽기 때문에 장기간 지속하기가 힘듭니다.

1장에서는 암기를 버리고, 사전을 버리고, 정답을 버리고, 지금 내가 가지고 있는 단어력만으로 '전하는' 즐거움을 느끼기 위해 만화와 설명으로 다음 여섯 가지 '마음가짐'을 말하려 합니다.

1. 완벽한 영어를 해야 한다는 강박관념을 없앤다.
2. 정답에 집착하지 않는다.
3. 영어로 말할 수 있다는 것을 안다.
4. 보디랭귀지와 표정 등까지 총동원해 어떻게 하든 의미를 전하려 애쓴다.

5. 인풋이 아니라 아웃풋에 집중한다.

6. 정답은 하나가 아니다.

그리고 '이미지 확장 연습'도 넣어 영어회화를 잘하기 위한 이미지 넓히기도 함께해보려 합니다.

완벽을
버린다

영국
홈스테이 주인
아주머니가
오는 동안
괜찮았냐고
묻는 거예요.

오호,
그래서요?

비행기가
굉장히 흔들려서
무서웠거든요.

참고

Perfect
완벽한, 완전한

'심한 난기류를 만났다'란 말이 하고 싶었는데

음~ 에~.

완벽한 영어를 해야 한다는
강박관념을 없앤다

"좋아! 올해는 꼭 영어를 마스터해야지!"

회화 책을 사서 첫 페이지부터 순서대로 암기해갑니다. 책을 어느 정도 끝내 뿌듯함에 자신감이 넘치는 나! 그러나 실제로 영어를 해야 하는 '그 순간'이 왔을 때는 머리가 텅 빈 것처럼 멍해지고 입에서는 음… 소리만 연신 나오게 되죠. 이러한 원자폭탄의 폭발과도 같은 엉망진창, 황당무계, 부끄러움의 3종 세트 경험을 몇 번이나 반복해오지 않았나요?

아무리 공부해도 책에서 외운 완벽한 문장을 자유롭게 구사할 수 있게 되는 그런 날은 끝끝내 오지 않습니다. 그러다 마침내 포기. 문장을 통으로 암기하는 공부 방식에 한계를 느끼고 맙니다.

그보다는 영어를 잘하는 사람들이 실제 영어로 말할 때 사용하는 '쉽게 바꿔 말하는' 방식을 보며 '어머' '오호~' 하는 감탄의 소리를 높이는 경우가 많아졌습니다. 영어를

참고

바로 그거야.
- That's it.
- That's exactly
what I want to say.

잘하는 사람은 전혀 느끼지 못하지만 자연스러우면서 너무도 쉽게 말을 해내는 방식에 놀라는 것입니다.

즉 조금은 멈칫하고 끙끙대서라도 지금 자신이 찾아 쓸 수 있는 단어를 끄집어내는 경험. '완벽한 표현'은 아니지만 '그래, 맞아. 그거야' 하고 무릎을 칠 만큼 '쉽게 바꿔 말하는' 표현을 접하는 경험. 저는 이 두 경험을 통해 영어회화할 때는 관점을 바꾸는 게 가장 효과적이라는 생각을 하게 되었습니다.

정답 찾기는
좌절 영어로의 지름길

이미 좌절한
나에게도
길이 있을까요?

참고
올가미
trap

지금까지의
영어 교육은
나에게
올가미
였습니다.

오- 올가미!

철컹

"이 문장을
영어로 말해주세요."

정답을 찾는

내가 말하려는
단어(숙어)가
영어로
틀림없이 존재한다.

이런 식의 공부가
아니었나요?

맞아요.

참고

아깝다.
- I almost made it.
- I nearly had it.

하지만 단어(숙어)가 없는 것도 많아요.

에헤? 없는 것도 있어요?

그럼요, 있어요. '효도'라든가 '냉증' 등.

'냉증'은 아예 미국이나 영국에 개념도 없고,

효도는 good son 정도랄까요?

아~ '아깝다'도 마찬가지죠. 그런 뉘앙스가 없어요.

그렇죠….

영어 공부라는 게 '정답'만을 주입하려는 '수동'적인 부분이 많아서

학교, 교재, 영어회화 학원, TV, 라디오 강좌 모두가 그렇죠.

그런 영어 학습 환경에서 자란 사람은 막상 현실에서는 힘이 드는 거예요.

정답에 집착 → 대화가 안 돼 → 좌절

결국 영국 단기 어학 연수에서 외톨이 생활

이렇게 되지 않기 위해서는 '맞다, 틀리다'라는 생각 자체를 제쳐두고

'말이 통했는지 통하지 않았는지'에 집중해 계속 말을 바꿔 표현하다가

그중에 어느 하나가 전달이 되었다면 그것으로 충분한 거예요!

오오~.

정답에 집착하지 않는다

"완벽한 문장력과 충분한 단어력을 갖추면 영어를 잘할 수 있을 거라 생각해요."

"맞아요, 그렇게 되었을 때 영어로 술술 말할 수 있어요."

이 말은 사실 '수영을 할 수 있다면 물에 들어가겠어요'라고 하는 것과 같습니다. 사실 중학생 수준이라면 충분히 영어로 말할 수 있어요. 못한다고 생각하니까 막상 닥친 현실에서 단어 하나도 입에서 나오지 않는 거죠.

게다가 주입식 영어와, 사전에 의존하는 학습 태도에는 한계가 있습니다. '망설이다'라는 단어를 몰랐을 때 사전을 찾아보니 hesitate / waver / vacillate 등으로 나와 있었습니다. "둘 중에 뭘 먹을까 망설여지네"를 말하고 싶을 때 이 셋 중에 어떤 걸 사용하면 좋을까요?

제일 처음에 나와 있는 hesitate는 '주저하다'라는 뉘앙스가 있어요. 둘 중 하나를 선택할 때의 '망설이다'는 waver / vacillate를 선택해야 합니다. 사전만으로는 이

참고

waver
(결정을 못해) 망설이다

vacillate
(의견, 생각이) 흔들리다

러한 판단까지 하기가 좀처럼 쉽지 않죠.

어찌어찌해서 외웠다 하더라도, 다음에는 이 단어를 꼭 써먹어야지 해도, 정작 필요할 때 말할 수 없는 단어가 됩니다. 사전(지식)에 의존해서는 이런 상황의 연속일 뿐입니다. 지식을 주입하려는 생각을 버리세요.

I don't know what to do.
나는 어떻게 해야 할지 모르겠다.

I can't decide.
나는 결정을 못하겠다.

참고

make up one's mind
결심하다

I can't make up my mind.
나는 결심을 할 수 없다.

이렇게 내가 말할 수 있는 범위에서 최대한 이야기하려는 노력이 중요합니다. 위의 말만으로도 충분히 망설이고 있다는 느낌이 전달되지 않나요?

'어떡하면 전해질까?'에 집중하세요.

'이 말에 딱 맞는 의미의 영어 단어가 있을 거야'라는 사고로 지식을 주입하려는 인풋 위주의 학습은 과감히 버리고 내가 가지고 있는 것을 끌어내는 아웃풋 = '어떡하면 전달이 될까?'로 생각해보세요.

사흘 만에
영어로 말할 수 있다

좀~ 수상한데요.

사기성이 있어
보이고….

앗!

그렇지 않아요.
읽어보면 알아요.

영국 단기
어학 연수
기간은 나의
암흑시기
였지만

전혀 말이
통하지 않아
귀국.

결국
돌아
왔군요.

포기하지 않고
대학 때
미국으로
유학을 갔어요.

부웅~~.

저는 그 나이 때에
집구석에만 있었는데.

역시 파워풀
하군요.

어느 날
홍콩에서 온
유학생이
렉서스에서
내려

학생이 렉서스?

여보란 듯이
서 있는 거예요.

참고

과시하다

make a parade of

flaunt

영어로 말할 수 있다는 것을 안다

'영어를 하게 되다'가 아닌 '영어로 말할 수 있다는 것을 알게 되는 것'이 중요합니다. 우리가 까르보나라를 만들 때 '재료부터 도구까지 모든 준비가 완벽하게 갖춰지지 않으면 요리를 할 수 없어'가 아닌 '눈앞에 지금 놓여 있는 분말 치즈와 콘크림 등으로 최대한 가깝게 만들 수 있지 않을까?'를 생각하고 실제 해보려 하는 것과 비슷합니다.

즉 '나는 정말 영어회화를 못해'가 아니라 '궁리에 궁리를 해서 지금 손에 가지고 있는 것을 최대한 활용하면 의외로 뭔가를 말할 수 있게 된다'는 감각을 가지길 바랍니다.

예를 들어 "내 입장이 되어봐"라는 말이 하고 싶어 사전을 열어 찾으면 **Put yourself in my shoes**를 알고 머리에 담을 수 있게 됩니다. 하지만 시간이 지나 이 말을 또 써야 할 때 정작 기억이 나지를 않으면 (그리고 사전도 없다면) 상대에게 말할 방법이 없습니다.

참고

Put yourself in my place.
내 입장이 되어봐.

그러나 궁리를 해서 이렇게 말해보면 어떨까요?

참고

in my position
내 처지에서,
내 입장에서

If you were in my position, you would never say it.

만약 네가 내 입장이었다면 그렇게 말하지 않았을 거야.

사전에 나와 있는 말이 아닌 이런 문장으로 충분히 내가 하고 싶어 했던 본질의 의미는 전달이 되었다고 생각합니다. 이런 감각을 느끼는 순간, 영어로 말하는 것이 극적으로 쉬워집니다.

지구본

**단어가 떠오르지 않는다면
어떻게 말하면 좋을까요?**

지구본

globe

[gloʊb]

World map
'세계지도'

Like a ball
'볼 같은'

이렇게 말해도
연상할 수 있겠죠?

와! 맞아요, 맞아.

전하는 힘을
기른다

음! 문어?

이게 뭘까요?

'전하는 힘'을
기르는 것이
이 책의
콘셉트예요.

네.

예를 들면
처음에 나왔던
'난기류'란 단어를
몰랐다면

turbulence
터뷸런스

참고

octopus
문어
smooth
잔잔한, 순조로운

롤러 코스터 같았어요.
It was like a roller coaster.
라든가,

비행이 원활치 않아 잘 수 없었어요.
The flight wasn't smooth so I couldn't sleep.
이라고 전하면 돼요.

보디랭귀지와 표정까지 총동원해
어떻게 하든 의미를 전하려 애쓴다

'전하는 힘'이란 '어떻게 바꿔서 말을 해보지?'입니다. 그리고 '영어를 말한다 → 어떻게든 전달한다'라는 의식의 전환이 필요합니다.

우리의 목적은 '영어로 완벽하게 말하다'가 아니에요. '하고 싶은 말을 상대방에게 전하는 것'입니다. '올바른 영어'에 집착한 나머지 "에, 네?" 하고 벙어리로 있다가, 머릿속으로 완벽한 문장이 짜여야만 그제서야 말을 하는 스타일은 대화 상대를 짜증 나게 합니다. 이는 외국인뿐만 아니라 같은 나라 사람이라도 마찬가지 아닐까요?

어쨌든 정확한 단어나 관용구를 몰라도 '어떻게든 내 의도를 전달하고야 말겠다'는 마음을 먼저 상대에게 전하는 것이 무엇보다 중요합니다. 그렇게 하다 보면 당연히 아무 말도 하지 못하고 있는 것보다 몇 배나 상대와 통하게 됨을 알게 될 겁니다.

그리고 정중하지 않은 영어는 상대방을 불쾌하게 하

참고

안으로 들어오세요.
- Come on in, please.
- Please come in.

지 않을까 하고 고민하는 사람이 있습니다. 그러나 실제로 '웃는 얼굴이 최상급의 정중한 표현'이라는 것을 잊어서는 안 됩니다. "안으로 들어오시죠" 하면서 무표정으로 차갑게 말하는 것과 함박웃음으로 "들어와" 하는 것을 비교해보세요. 후자 쪽에 훨씬 더 부드러운 정중함이 있지 않나요? 내가 하는 영어가 너무 무례한 표현은 아닐까, 짧게 말하면 상대가 명령하는 것으로 느끼지 않을까 걱정하지 마세요.

쌓아놓는 것은 중요하지 않다

그게 아니죠.
열어서 사용해야죠.

차곡차곡 (쌓고 쌓고)

영어
공부에서
인풋(주입식)
을 중시
한다는
것은

단어, 숙어, 문법을
반복해 외운다

예를
들면…
이런 것과
같아요.

액션
RPG에서
무기만
갖춰놓고

야뵤야뵤~

삐까삐까

뻔쩍뻔쩍

싸우는
방법을
모르는 거죠.
경험이
없으니.

아얏,
엑스칼리버 (최강의 성검)

거꾸로
던져야 하나?

허당이구만요~.

※ 게임을 예로 들어 죄
송합니다만 '이런 분위
기다'라는 것만 감안해
읽어주세요.

인풋이 아니라 아웃풋에 집중한다

TOEIC 점수가 800점 이상인데도 영어로 말을 못하는 사람이 있습니다. 지식은 완벽! 주변에서 틀린 영어를 하는 사람을 보면 정확하게 지적도 합니다. 하지만 정작 자신이 영어로 말해야 하는 순간에는 입이 얼어붙고 말죠. 이런 사람, 실제로 우리 주변에 많지 않나요?

그다음으로 이어지는 변명은 "단어가 부족해서, 아직도 어휘수가 모자라서…!" 하고 **TOEIC** 900점을 목표로 열공을…. 이거 웃을 수만은 없지 않나요.

지식의 양이 중요한 게 아닙니다. 자신이 가지고 있는 지식을 얼마만큼 끌어낼 수 있는가, 아웃풋하는 힘을 길러야 합니다. 롤 플레잉 게임으로 말하면 경험을 쌓아 무기를 효과적으로 사용하는 '기술'을 익혀야 한다는 것과 같습니다.

"어휘가 부족해서 하고 싶은 말을 하지 못했어" 하며 탄식하는 토익 고득점자여! 꼭 이 책을 활용해주길 바랍니다.

> **참고**
>
> 토익 850점 이상은 원어민과 영어로 유창하게 대화를 나눌 수 있는 기준이라고 한다. 또 300점 이상은 최소한의 영어 의사소통이 가능한 수준이다. 그런데 실제 우리는?

정답은
하나가 아니다

하우 알 유 아이 엠 파인 탱스 앤드 유.

끼릭
달그락
달그락
끼릭

How are you?
I am fine. Thanks.
And you?

알로하,
하와이 여행.

근데 왜
하와이죠?

날씨 이야기를
좀 하려고요.

만화 속에서는
어디든 가고
무엇이든 할 수
있잖아요?
좀 다르긴 해도.

다이아몬드도
가질 수 있고.

저는
하와이에
가본 적이
없어서….

알라모아나
쇼핑센터

45

다양한 시점을 가진다

"이 문장을 영어로 고치시오."

학교 시험에서는 이런 문제가 나옵니다. 이 문제의 정답은 하나로, 틀리면 점수를 얻을 수 없습니다. 이렇게 하면 '정답을 모르면 0점'이라고 하는 사고가 머릿속에서 떠나지 않습니다. 이 때문에 '정답인지 아닌지?'만을 묻는 사람이 많습니다. 하지만 실제 영어로 말할 때는 '정답인지 아닌지?'는 그다지 중요하지 않습니다. 영어회화에서 가장 중요한 것은 '의미가 전해졌는지 전해지지 못했는지'입니다.

여러 가지 시점으로 '자신이 말하고 싶은 것'에 대한 본질을 간파하여 이를 다양한 방법으로 표현해보세요. 그것이 '꼼수 영어'의 접근방법입니다. 그렇다면 어떻게 해야 다양한 시점을 가질 수 있을까요?

다음 장에서 '꼼수 영어'의 기본적인 사고방법인 '네 가지 원칙(4대 원칙)'에 대해 알아보겠습니다.

1권 복습

'나는 초콜릿을 좋아한
다'를 like를 사용하지
않고 영작하세요.

① _____
_____
② _____
_____
③ _____
_____
④ _____
_____

정답은 191쪽

베개

단어가 떠오르지 않는다면
어떻게 말하면 좋을까요?

베개

pillow

['pɪloʊ]

When I sleep

'잠잘 때'

Under my head

'머리 아래에 놓는다'

Like a cushion

'쿠션 같은'
이렇게 말해보세요.

다양한 표현으로
바꾸기 위한
'4대 원칙'

80퍼센트
버리기

참고

맛있어 보인다.
- This looks
delicious.
- It looks great.

참고

기름이 많다.
There's a lot of oil.

나머지 80퍼센트는 뉘앙스로 버리세요.
20퍼센트인 핵심만 말해도 80퍼센트가
상대에게 저절로 전달이 됩니다.

어학에서도 똑같이 적용되는 '2대 8 법칙'
문장에서 사용되는 단어의 80퍼센트는 전체 단어수의 20퍼센트에 해당한다는
의미에요.

80퍼센트를 버린다

'2대 8 법칙'이라는 말이 있습니다. 이것은 '파레토 법칙'이라고도 불리는 '성과와 결과의 80퍼센트는 그 요소와 요인의 20퍼센트에서 기인한다'라는 것이에요. 이를 응용한 모두가 잘 아는 명제가 있습니다. 바로 "전체 부의 80퍼센트는 20퍼센트의 사람이 가지고 있다"입니다. 즉 핵심인 20퍼센트가 중요하다는 것이죠.

이 파레토 법칙이 어학 분야에서도 적용됩니다. 바로 영단어 사용빈도의 법칙으로 자주 쓰이는 20퍼센트의 단어가 전체 문장의 80퍼센트를 차지한다는 의미입니다.

'2대 8 법칙'이 "어학에도 해당됩니다"라고 말하면 '좋았어, 그럼 20퍼센트의 자주 쓰이는 단어만 암기하면 되겠네!' 하고 생각하는 사람이 많겠지만 그것은 절대 아닙니다. 진짜 영어로 유창하게 말하기 위해서는 단어력이 중요하죠. 그래도 뜻을 전달한다는 의미에서는 어렵게 생각하지 말고 본질만 잡으면 된다는 말이에요. 무슨 말을 하건 '버리는 영어' 즉 '버린다'에 의식적으로 집중하길

참고

파레토 법칙
이탈리아 경제학자가 1906년 발견한 법칙. 모든 부분에서 20퍼센트의 핵심이 중요하다는 말이다.

바랍니다. 두 눈 질끈 감고 싹둑!

'80퍼센트를 버리는 용기'를 가지세요!

"뭐라고 하는 거예요? 정말 80퍼센트를 버려요? 그렇게 해서 말이 통하겠어요? 아무것도 전할 수 없어요! 하던 대로 토씨 하나 틀리지 않고 다 말하고 싶단 말이에요. 100퍼센트 완벽한 영어를 구사해 말하고 싶어요." 이렇게 소리치고 싶죠(웃음)?

하지만 이런 생각이 '전달하지 못하는 영어'의 원인이라는 사실을 알아야 합니다.

예를 들어 "오늘 점심에 속 든든하게 진한 불고기 정식을 먹었어"라는 말이 하고 싶다고 해보세요. '불고기 정식'이 가지는 양념의 맛, 고기 냄새, 볼륨감, 특히 아저씨 입맛(편견?)의 뉘앙스 등은 전부 버리고 어떻게 하면 심플하게 이 말을 전할까가 중요합니다.

I had beef for lunch.
나는 점심으로 소고기를 먹었다.

이 정도로 불필요한 것들을 다 털어버리고 아주 간단하게 말하는 쪽이 더 전달이 잘됩니다.

의식적으로 20퍼센트의 본질을 찾는다

말하고 싶어 하는 문장의 대체적으로 20퍼센트가 본질입니다. 남은 80퍼센트는 '뉘앙스'로 구분해 의식적으로 과감히 잘라내 버려야 합니다.

2대 8 법칙을 응용한다면 본질인 20퍼센트만 말해도 충분히 전달된다는 것입니다. 이 20퍼센트의 본질이 무엇인지를 늘 염두에 두고 영어를 생각하면 마음에 여유가 생깁니다. 이 여유가 '영어 실력'으로 이어집니다.

지금 영어로 말을 하지 못한다고 생각하는 많은 사람은 '말하고 싶은 것을 영어로 100퍼센트 전달하지 못한다'는 고민을 가지고 있습니다.

이런 고민을 **버리세요.** 처음부터 100퍼센트 전달이란 없다를 기본 전제로 삼으세요. 100퍼센트 전달을 목표로 하지 않는 것이 중요합니다. 이것이 영어 실력을 올릴 수 있는 핵심입니다.

어른 말
버리기

참고

결혼해주세요.

Please marry me.

그녀에게 청혼을 거절
당하다.

She turned down
his proposal.

참고

거절당하다
- be refused
- be rejected

어른 말은 우리나라도 미국도 약 5만 단어!
오랜 시간을 들여 암기해야 해요.
미국에서 다섯 살 아이가
사용하는 영어 단어는 약 1,000개 정도래요.
우리나라의 정규 교육 과정이라면 대부분
중학교 때 배우는 영어 수준입니다.

실은 이미 다
말할 수 있어요.

앗! 나도!?

어른 말을 버린다

참고

우리나라 교육부 선정 중·고등 기본 영단어는 대략 2,500 수준이다.

영어로 말할 때 당신은 충분한 어휘력을 가지고 있다고 생각하나요? 아니면 '모르는 단어들뿐!'이라고 생각하나요? 우리나라의 어른 말 어휘수는 약 5만 단어라고 합니다. 이에 대해 미국인의 어른 말 어휘수도 제 설이지만 같은 5만 단어 정도입니다.

하지만 우리의 어른 말 어휘는 30년, 40년, 50년이라는 시간을 통해 축적되어온 것이에요. 마찬가지로 영어 단어에서 어른 말 어휘수를 이만큼 가지려면 그에 상당하는 시간과 노력이 있어야 한다고 생각합니다.

참고로 고등학교 때 착실히 영어 수업을 받고 공부를 했을 경우 약 2,000단어는 이미 가지고 있다고 생각해도 좋아요. 5만 단어는 도무지 어림도 없다는 인상이죠(웃음)!

그런데 다섯 살 미국 아이도 말을 꽤 잘하지 않나요? 선생님과 의사소통을 하는 데 전혀 문제가 없습니다. 친구들과 농담도 할 수 있어요. 가족과도 커뮤니케이션을 하는 데 충분한 어휘력을 가지고 있습니다. 이런 다섯 살 어린이가 가지고 있는 어휘수는 도대체 몇 단어일까요? 700~1,000단어 정도라고 합니다. 이것은 중학교 때 배우는 어휘수와 거의 비슷합니다. 고등학교까지 배우는 단어 수에는 절반에 해당하고요.

맞습니다. 중학교 수준의 영어 단어 실력만 있으면 우리도 충분히 영어로 말할 수 있어야 합니다.

중요한 점은 어른이 쓰는 어려운 우리나라 말을 있는 그대로 영어로 변환하지 않는 것입니다. 즉 어른스런 말을 버리고 어린이가 쓰는 쉬운 말로 바꿔 영어를 말하세요.

예를 들어 '과반수 이상이 찬성'이라는 말을 해봅시다.

"찬성? **Approval**?"

"과반수? 음~ 사전은 사전…?"

이러면서 단어 자체를 그대로 변환하려들지 말라는 것입니다. 그럼 '과반수 이상이 찬성'이라는 어른 말을 버리고 뭐라고 하면 좋을까요? 아이가 쓰는 말을 사용하고 본질인 20퍼센트만을 의식해 다음과 같은 문장으로 바꿔보면 어떨까요?

Most people said yes.

대다수 사람이 예스라고 말했다.

참고

과반수
- majority
- more than a half

A lot of people said yes.

많은 사람이 예스라고 말했다.

'과반수' 같은 세세한 것은 우선 제쳐놓고 "많은 사람이 예스"로 한다면 상황의 분위기가 충분히 전해지지 않을까요?

여러분은 이미 영어로 말할 수 있는 충분한 어휘수를 가지고 있습니다. 어렵기만 한 '어른 말'을 버리세요. 아이에게 질문을 받으면 뭐라고 대답할까, 나에게는 아이가 가지고 있는 어휘 수준밖에 없다고 한다면 어떻게 말해야 좋을지를 생각해보세요.

자신도 모르는 사이에 '영어도 우리나라 말과 같은 수준으로 어른스럽게 이야기해야 하지 않을까?'라고 생각한 결과, '앗~ 이 단어 모르는데!' '내 문제점은 언제나 단어가 부족하다는 거야'라고 어둠의 구멍 속으로 점점 기어들어가고 있는지도 몰라요.

'○○를 영어로 뭐라고 말하지?' 하고 머뭇거리는 순간, 아이에게 "○○가 뭐예요?" 하는 질문을 받는다면 뭐라고 답할까를 생각해보세요. 의외로 자기가 가지고 있는 어휘만으로 많은 대답이 가능하다는 것을 깨닫게 됩니다.

직역
버리기

동물원은 단어만 들어도
두근두근거려요.

나는 싫은 예감만
드는데….

아, 저기

코끼리다.

엘러펀트
elephant

첫.

참고 동물 이름

camel
낙타

peacock
공작새(수컷)

flamingo
홍학

참고

pigeon
비둘기

turtle
거북

polar bear
북극곰

오, 기린.

가… 기?
기린… 가…
가…

잠깐만 기다려요.
알아요. 여기까지
나왔다구구구요.

기린이란 단어를
말하지 않아도
좋아요.
보이는 그대로를
말해보세요.

노란색
Yellow…

목이 길다.
Long neck…

잘했어요.

키가 큰 동물
tall animal?

그래요.
직역에
사로잡히지
말아야 해요.

찰깍 찰깍

GIRAFFE
기린은 지러프였어요.

직역을 버려라!
이미지 연상으로부터 말하기가 가능한
영어를 찾아보세요!

직역을 버린다

중학교 때의 영국 단기 어학 연수 중에 있었던 에피소드
입니다. 수업시간에 동물원 이야기가 나왔어요. 그런데
'기린'이 영어로 뭐였는지 순간 떠오르지 않아 낙심한 일
이 있었습니다(눈물).

  '기린'은 지러프! "몇 번이나 외웠는데 왜 기억이 안 났
을까? 좀 더 제대로 외웠어야 했는데!" 하고 다시 하나를
외웠다고 생각해봅시다.

  그럼 다람쥐는? 코뿔소는? 어쨌든 계속 암기와 기억력
에 의존한 커뮤니케이션을 하려 할수록 뭔가를 말할 때마
다 그 단어가 생각이 나지 않습니다. 사실 이런 경우는 우
리말로 할 때도 종종 생기는 일이죠. 영어로 말할 때는 이
런 것에 더 신경이 쓰입니다. 영단어의 경우는 한 단어가
순간적으로 기억이 나지 않으면 그것 때문에 말하려 했던
논지마저 잊어버리게 됩니다.

  사전을 사용해 열심히 단어를 찾아보지만, 좀처럼 내가
원하는 그 단어가 보이지 않을 때도 많습니다. 겨우 찾았

참고

giraffe
기린

squirrel
다람쥐

rhino
코뿔소

지만 발음 문제랄지 상대방이 잘 알아듣지 못하는 경우도 있습니다. 혹은 시간이 너무 지나 이미 대화는 다른 방향으로 흘러가 버린 뒤로, 모두의 이야기 속에서 따돌림을 당하는 신세가 되기도 합니다. 그때마다 "나는 정말 단어가 문제야, 어떻게든 단어를 극복하지 않으면 안 돼" 하고는 서점으로 돌진, 단어를 외우기 위한 책을 사서 무작정 단어 암기에만 전념을 하게 됩니다.

이렇게 말하는 나도 '영어의 힘은 단어'라고 믿어 의심치 않았습니다. 하지만 이런 방법으로 가게 되면, 그다지 암기 능력이 뛰어나지 못한 사람은 좌절행.

"그렇다고 이를 극복하는 다른 방법이라도 있어? 단어를 모르면 외우는 수밖에! 이 외에 다른 방법이라도 있냐고? 그러니깐 어쨌든 '외워'라고 계속 말할 밖에…."

고민하면서 여기저기에 "단어력이 부족해요" 하고 상담을 해보면 '영자신문 읽는 연습을 하면 좋아요'든지 '우선은 1,500단어 정도를 암기해두면 좋아요' 등으로 일단 외우라고만 충고합니다.

하지만 정말로 '영단어'를 모르면 커뮤니케이션이 불가능할까요? 단지 딱 맞는 영어 단어를 모른다는 이유만으로 상대에게 전혀 뜻을 전하지 못하게 되는 걸까요? 답은 '절대 아니'라는 것입니다.

'우리나라 단어 → 영어 단어'를 일대일로 모를 때 사전이 없어도 자신이 말하고 싶은 것을 전할 방법이 있습니다. 이걸 사용합니다.

즉 우리나라 말과 영어 사이에 '이미지'를 끼워넣는 것입니다.

우리나라 말 → 영상(이미지) → 영어

'기린 → **giraffe**'가 아닌 '기린 → 영상(이미지)'의 순서로, 처음에는 머릿속에 기린의 그림을 떠올려봅니다. 그리고 그 영상(이미지) 속에서 쉬운 영어를 찾아 상대에게 말해보는 것입니다.

예를 들어볼게요.

"A tall animal."
키가 큰 동물

"Long neck"

목이 길고

"Yellow"

노란색이에요.

이렇게 말하면 상대는 '기린을 말하는 건가?' 하고 이해해줄 것입니다. 그리고 "giraffe?" 하고 말할 거예요. 답을 알려주는 거죠.

중요한 것은 모르는 단어를 직역하려고 고집하지 말것! 그리고 머릿속에 그린 그림 중에서 영어로 말할 수 있는 부분을 찾아볼 것!

결론적으로 내가 할 수 있는 말을 통해 상대의 어휘력을 끌어내 사용하는 커뮤니케이션을 한다는 점을 마음에 새겨주세요. 회화의 흐름을 방해하면서까지 완벽한 단어로 표현한다고 해서 대화가 자연스럽게 이어지지는 않습니다. **완벽주의를 버리세요.** 그리고 내 말이 상대에게 이렇게도 전해지는구나 하는 즐거움을 느껴보길 바랍니다.

냉장고

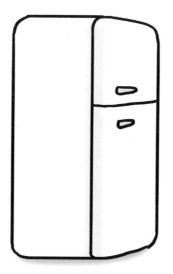

단어가 떠오르지 않는다면
어떻게 말하면 좋을까요?

냉장고

refrigerator

[rifrídʒərèitər]

In the kitchen
'부엌에 있다'

Big box
'큰 상자로'

Cold food inside
'찬 음식물이 들어 있다'

꽁꽁

추상어
버리기

쑥덕공론
- secret talks
- backstairs gossip
미주알고주알
the details of the story

추상적인 말을 버리고
사건, 사실, 전하는 말을 기본으로
영어를 말한다.

추상적인 말을 버린다

다시 영국 단기 어학 연수 중 에피소드입니다. 단어가 많이 부족하다고 느낀 나는 자신감을 잃은 결과, 매일 끙끙거리며 집에만 틀어박혀 있었습니다(눈물).

어찌되었든 모르는 단어가 너무 많았어요. 예를 들면 앞 문장에 나온 '앓는소리.' 사전을 찾아보면 **'Show the white feather'**라고 나와 있습니다.

여러분은 이걸 알고 있었나요? 나는 몰랐습니다. 모르는 표현은 일단 '단어'를 암기함으로써 커뮤니케이션의 폭을 넓혀가면 된다고 생각했습니다. 그래서 늘 한 손에 사전을 가지고 회화를 했죠. 그렇지만 어느 날 '은둔형 외톨이'를 조사해보니, 당시 내가 가지고 있던 사전에는 그 단어가 나와 있지도 않았습니다. 이럴 때면 한숨밖에 나오질 않았죠. 모르는 단어를 확인할 수 있는 유일한 방법인 사전이 그 기능을 다하지 못해서입니다.

이럴 경우 다른 해결방법이 있을까요? 있습니다!

단어를 모를 때는 '추상적인 말을 버린다'입니다.

참고

은둔형 외톨이
- the lonely man
- hikikomori
- loner

추상어를 버린 뒤에 뭘 말하고자 하는가 핵심을 파악해 '사건, 사실, 전하는 말을 기본으로' 표현하면 됩니다.

'앓는 소리 = Show the white feather'가 아닌 앓는소리 → 애초에 어떤 시작에서 나왔을까? → '회사가 가기 싫다'라고 한다. 이런 흐름에서 보다 구체적인 장면을 떠올리면 다음과 같이 영어로 말할 수 있습니다.

I said "I don't want to go to work anymore."

나는 '더 이상은 회사에 가고 싶지 않다'고 말했다.

이로써 충분히 앓는소리를 하는 상황을 전할 수 있습니다. '틀어박혀 있다'도 틀어박히다 → 구체적으로는 무엇을 하고 있을까? → '하루 종일 방에만 있다'로 구체화시켜갑니다.

I was in my room doing nothing all day long, and didn't go to work.

나는 회사에 가지 않고 하루 종일 방에서 아무것도 하지 않았다.

이렇게 해도 나가지 않고 틀어박혀 있다는 사실이 전달

됩니다. 중요한 것은 머리에 떠오르는 구체적인 사건, 사실, 발언으로 어떻게든 영어로 말할 수 있지 않을까 모색해보는 것입니다.

4대 원칙의 관계성

여기까지 '80퍼센트 버리기' '어른 말 버리기' '직역 버리기' '추상어 버리기'라고 하는 네 가지 큰 핵심을 알려드렸습니다. '꼼수 영어'에서 이 네 가지는 서로 밀접하게 관련되어 있습니다. 아래 표를 봐주세요.

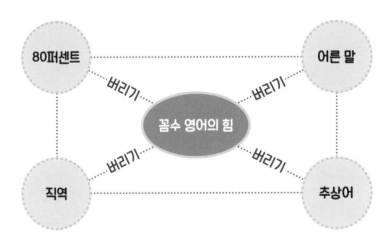

꼭 이것들을 자유롭게 조합하여 '꼼수 영어의 힘'을 길러주기를 바랍니다.

마법 상자
- 말을 바꿔보는 훈련

앗, 너무 어려워요.
It's too difficult for me.

연습이 완벽을 만들어요.
Practice makes perfect.

깽깽이

버리는 힘을 키워주는 마법 상자 활용법

지금까지 '꼼수 영어'를 즐겁게 공부하기 위한 여섯 가지 마음가짐과 다양한 표현으로 바꾸기 위한 4대 원칙을 알아보았습니다. 이제부터는 실천편으로 '영어 단어가 순간 나오지 않을 때' 이런 당황스런 상황을 극복하기 위한 훈련을 소개하겠습니다.

앞에서 말한 '꼼수 영어의 4대 버리기 원칙'을 활용해 훈련하는 방법입니다. 효과를 높이기 위해 아래 '마법 상자'를 적극적으로 활용해보세요.

이 마법 상자는 영어 공부법에 혁명을 가져다줄 아주 획기적인 방법이라고 나는 생각합니다. 이유는 다음의 세 가지입니다.

- 사람은 '빈칸이 있으면 채우려는 습성이 있다'를 이용한다
- 계속해서 다른 말로 바꿔보는 순발력이 생긴다
- 정답이 하나뿐이 아니라는 것을 알게 된다

간단히 사용법을 설명하면, 우선 박스의 중앙에 '영어로 말하고 싶은 내용'을 우리말로 적으세요. 다음 그 주변 네 개의 상자 속에 앞에서 설명한 꼼수 영어법을 이용해 여러 가지 영어 표현을 적어나가는 것입니다. (익숙해질 때까지는 우리나라 말로 작성해도 상관없습니다.)

사람은 빈칸이 있으면 자꾸 채우려는 습성이 있습니다. 이 습성을 잘 활용해, 자꾸자꾸 공란을 메워가세요. 여기서 핵심은 무조건 '버린다'입니다.

4대 버리기 원칙을 이용해 자신이 할 수 있는 최대한으로 이미지를 넓혀 상자를 채워주세요.

예를 들어 '졸이다(긴장하다/떨리다/흥분된다)'라는 말을 마법 상자를 이용해 확장해보기로 합시다. 상자의 중앙에 '졸이다'를 먼저 우리나라 말로 적어주세요.

다음은 영어로 말을 하는 상황을 이미지로 상상해봅니다. "지금부터 프레젠테이션을 해야 하는데 마음이 졸여서…." 같은 상황입니다. 먼저 직역을 버리고 머리에 떠오르는 이미지를 적어보세요.

걱정으로 긴장하고 떨리는 순간, 어떠한 상태의 자신이 떠오르세요? '다리가 떨린다' '손에서 땀이 난다'가 생각나나요? 또 어떤 이미지가 연상되나요? 그중에서 '내가 말할 수 있는 영어 문장은 무엇이 있을까?' 하는 점에 착안해 영어 표현을 넓혀가는 방법입니다. 그것을 영어로 적어보세요.

여기서 '직역 버리기'와 '어른 말 버리기 = 어린아이 말 사용' 등이 활용되었습니다. 예를 들어 얼굴이 굳어진 모습을 영어로 표현하려 할 때, '굳어진다'라는 단어를 모른

My legs are shaky.

My hands are sweating.

(마음을)
졸이다

I want to go home.

I can't smile.

다면 어린아이로부터 "저기요, 얼굴이 굳어진다가 뭐예요?"라는 질문을 받았다고 가정해보세요. 그러면 "웃지 않는 것"이라고 아이에게 답할 수 있지 않을까요? 바로 이것이 어린아이 말입니다. 이것으로 충분히 '얼굴이 굳어진다'를 상대에게 말할 수 있게 됩니다.

또 옆집 아줌마에게 이런저런 하소연을 하고 있다고 상상해보세요.

'저 그날 긴장해서 마음을 졸였어요.'

'저런, 마음이 졸일 정도로 떨렸군요!'

'네, 집에 다시 가고 싶은 정도였어요!'

이렇게 머릿속으로 아줌마와 수다하는 상황을 떠올리며 이미지를 확장해갈 수 있습니다. 만일 이 '어린아이 말' '마음 편한 수다' 등의 이미지를 떠올려도 영어가 도무지 나오지 않을 경우는 사건, 사실, 전하는 말을 기본으로 생각해보세요.

'마음을 졸일 정도로 흥분한 사람은 어떤 말을 할까?'

'마음을 졸일 정도로 흥분한 사람은 어떤 행동을 보일까?'

이런 관점에서 이미지를 그려보는 거예요. 그 안에서 내가 할 수 있는 영어를 찾아보세요. 이것을 매일, 다양한 장소에서 실천하면 우리의 영어 뇌는 점점 유연해지고 '하나의 표현에만 집착해온 결과, 딱 맞는 단어가 떠오르지 않으면 말을 못해!'라고 했던 상황에서 벗어나게 됩니다.

여기서 늘 의식해야 하는 것은 **What**이 아닌 **How**임을 꼭 기억해야 합니다.

WHAT = '무엇이 정답일까?'를 좇지 말고

HOW = '어떻게 표현할까?'를 늘 의식할 것

여기까지가 마법 상자의 사용방법이었습니다.

영어 공부가 지겨운 것은 관용구를 아무리 공부했어도 '하나의 정답'만을 잘 외웠는가 외우지 못했는가 하는 틀에 사로잡혀 있기 때문입니다. 암기 위주였기 때문에 지겹고, 잘 외워지지 않고, 외웠다고 생각했지만 돌아서면 잊어버리고 마는 것입니다.

여기에서는 암기부터 하려는 생각은 완전히 버리고, 우선 자기 이미지를 넓히려는 노력을 해야 합니다.

버리기

다양한 표현으로
바꾸기 위한 4대 원칙

· 80퍼센트 버리기

· 어른 말 버리기

· 직역 버리기

· 추상어 버리기

꼼수 영어는 '정답일까 아닐까'가 아닌 '전해졌는지 아닌지'를 중요한 기치기준으로 두고 있습니다. '이 영어가 정말 맞을까?' 하고 입을 꾹 다물어버리는 것은 금지입니다. 말해보고 '전해졌을까?'로 의식이 향하도록 하세요.

전해지지 않았다면, 4대 원칙을 활용해 다른 말로 바꿔서 다시 시도해보세요. 언제나 '말하고 싶은 것'을 네 가지 표현으로 생각해둔다면 실전에 큰 도움이 됩니다. 아는 표현이라 영어로 말했는데 상대가 알아듣지 못하면 순간 당황하며 아무 생각도 나지 않는 경험을 해보았지요?

상대가 "What?"이란 반응을 보이면 '내 영어가 통하지 않는구나!' 하는 두려움에 겁을 먹게 됩니다. 이것은 '올바른 하나의 표현'에 사고가 사로잡혀 다음 상황으로 헤쳐 나가지 못하기 때문입니다.

네 가지 정도의 다른 말 표현을 늘 생각해둔다면, 하나가 안 통했다면 두 번째, 세 번째, 네 번째 도전과 실패가 가능해지고, 이야기는 멈추지 않습니다. 이것이 자신감으로 이어집니다.

마찬가지로 이 마법 상자가 소개하는 예시들을 보면서 '이것 외는 오답'이라는 생각은 절대 금물입니다. 예시를 보면서 '이 정도 영어리면 나도 할 수 있지 않을까?'라는 가능성을 느껴보세요. 여기에 실리지 않은 다른 확장 표현이라도 물론 OK입니다. 꼭 무한한 가능성을 깨닫기 바랍니다.

- 번역은 '표현 방법을 넓히는 연습'을 의식하도록 의역을 했습니다.

- I was like, ~(~와 같은 느낌)은 구어적 표현으로 친구들 사이에 이야기할 때 사용해주세요.

우리는 환상의 복식조.
둘이 합쳐지면 시너지가 올라가죠.

파잔 파잔

They are really good
partners.
그들은 정말 좋은
파트너예요.

세 문장 더 떠올려
빈칸을 채워보세요.

키워드

**호흡이
맞다**

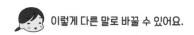
They are really good partners.
그들은 정말 좋은 파트너예요.

They both know what the other person is thinking.
상대가 무엇을 생각하고 있는지
두 사람은 알고 있어요.

키워드
호흡이 맞다

They know each other very well.
그들은 각자를 너무 잘 알고 있어요.

He knows what she wants and she knows what he wants.
그는 그녀가 원하는 것을 알고 있고
그녀는 그가 원하는 것을 알고 있어요.

호흡이 맞는 두 사람 사이에는 어떤 작용이 있을까요? 최대한 같은 뜻을 사전에서 찾아보면 have a great chemistry입니다.

참고 chemistry 화학, (사람 사이의) 화학 반응(궁합)

참고

한 수 접고 들어가다 (한 점 놓는다)는 바둑에서 나온 말로 하수가 상대의 실력을 인정하고 형평성을 맞추기 위해 미리 한 수를 더 두고 간다는 뜻이에요. 여기서는 상대를 인정한다는 의미입니다.

여기 한 점 놓고…

아무리 그래도 눈은 안 돼요!

I respect him!
나는 그를 존경하고 있어요!

짝짝짝

키워드
한 수 접고 들어가다

I respect him!

나는 그를 존경하고 있어요!

I think he is really great.

나는 그 사람이 정말 대단하다고 생각해요.

키워드
**한 수 접고
들어가다**

I want to be like him someday.

나는 언젠가 저 사람처럼 되고 싶어요.

I wish I were like him.

나는 그 사람처럼 되었으면 좋겠어요.

'한 수 접고 들어가다'는 말로 그에 대하여 어떤 의미를 전하고 싶은 것일까요? 그것을 잘 생각해보세요. '한 수 접고 들어가다'와 최대한 같은 뜻을 사전에서 찾아보면 acknowledge someone's superiority라고 하는 관용어가 있어요.

참고 acknowledge 인정하다 | superiority 우월성, 우수함

88

Pull Yuka's legs~.

이렇게 그대로 말하면
영어로는 '놀리다'라는
의미예요!

끙끙

크크.

'앞을 막다', '방해하다'라는
의미가 전달되게 해보세요.

챗!

He didn't let me do it.
그는 나에게 그것을
시켜주지 않아요.

키워드
**발을
잡아끌다**

He didn't let me do it.
그는 나에게 그것을 시켜주지 않아요.

He knew I needed his help,
but he never did anything.
그는 내가 도움이 필요하다는 것을 알고 있지만
결코 도와주지 않아요.

키워드
발을
잡아끌다

He said to me,
"You can't do it.
It's too hard for you."
그는 나에게 "너는 안 돼,
그것은 너에게 너무 어려워"라고 말해요.

When I tried to do it,
he caused so much
trouble.
내가 그것을 하려 하면
그는 많은 문제를 일으켜요.

어떠한 일을 당하거나 어떤 말이 나를 힘들게 하고 시도하지 못하게 하는 걸까를 생각해보세요. 영어 사전에는 get in my way로 '방해하다'라고 표현해요.

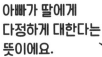 예뻐하다

아빠가 딸에게
다정하게 대한다는
뜻이에요.

예쁘다가
아니에요.

He loves his daughter
too much.
그는 딸을 너무 사랑해요.

이게 아닐까요?

키워드
예뻐하다

He loves his daughter too much.
그는 딸을 너무 사랑해요.

His daughter controls him.
그의 딸이 아빠를 좌지우지해요.

키워드
예뻐하다

He can't say "No" to his daughter.
그는 딸에게 '안 돼'라고 말하지 못해요.

He buys whatever his daughter wants.
그는 딸이 원하는 것은 무엇이건 사줘요.

다정한 아빠가 딸에게 하는 것들, 말하는 것들을 표현해보세요. 다시 말해 '예뻐하다'에서 '맹목적인 사랑'이 생각난다면 dote, 관대함이 떠오른다면 indulgent가 돼요.

참고 dote 맹목적으로 사랑하다, 홀딱 빠지다 | indulgent 하고 싶은 대로 다 하게 놔두는, 너그러운

우주비행사

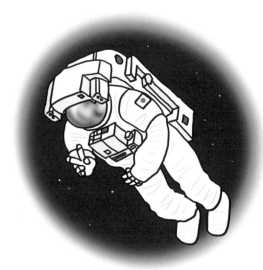

단어가 떠오르지 않는다면
어떻게 말하면 좋을까요?

우주 비행사

astronaut

[ˈæstrənɔːt]

A job
(일)

Rocket to the moon
'로켓을 타고 달나라로'

그래요!?
zero gravity(무중력)는?

White suit
'흰옷을 입고'

굿!

Helmet
'헬멧'

05 (마음을) 졸이다

초등학교 시절 피리 시험을 보는데 너무 떨렸어요.

My legs are shaky.
내 다리가 후덜덜했어요.

키워드

**(마음을)
졸이다**

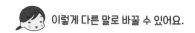
My legs are shaky.
내 다리가 후덜덜했어요.

My hands are sweating.
내 손에 땀이 났어요.

키워드
**(마음을)
졸이다**

I want to go home.
나는 집에 가고 싶었어요.

I can't smile.
나는 웃을 수 없었어요.
(80퍼센트 버리기로 '웃을 수 없다'도 OK)

마음을 졸이는 사람의 상태는 어떨까요? 상태를 나타내는 말로 의미를 전달해보세요. 사전적으로 '졸이다'는 get stage fright로 표현할 수 있어요.

참고 get stage fright 사람 앞에서 말하는 데 있어서의 긴장, 무대에 섰을 때의 공포

06 (생각이) 짧다

'어리석다'는 의미입니다.

길이가
짧다는 게
아닙니다.

아아,
생각이 짧았어.

한밤중에 초콜릿은
정말 아니었어~.

It's all my fault.
전부 내 탓이에요.

내 똥배는 내 책임.

키워드

**(생각이)
짧다**

It's all my fault.
전부 내 탓이에요.

I made a mistake because I didn't think hard enough.
내가 신중하게 생각하지 않았기 때문에 실수를 했어요.

키워드
(생각이) 짧다

I didn't know anything about the real world.
나는 실제 세상을 전혀 몰랐어요.

I thought I could have done better.
내가 좀 더 잘할 수 있을 거라고 생각했어요.

'어리석었다'라고 의기소침해 있는 사람이 어떤 말을 할 것 같은지 생각해보세요. shortsighted라는 단어도 사용할 수 있어요.

참고 think hard 골똘히 생각하다 | shortsighted 근시안적인

07 공처가

부인을
이기러들지
않아요.

이런 사람이
그릇이 큰 사람이라고 생각해요.

He can't say "No" to
his wife.
그는 부인에게 '안 돼'라고
말하지 못해요.

키워드
공처가

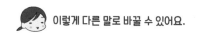

He can't say "No" to
his wife.

그는 부인에게 '안 돼'라고 말하지 못해요.

What he has to do is
obey his wife.

그가 해야 하는 것은 아내에게 복종하는 거예요.

키워드
공처가

He forgot his wife's
birthday. He doesn't know
what to say.

그는 부인의 생일을 잊었어요. 그래서 뭐라고 말해
야 좋을지 전혀 몰라 해요.

He has to follow her
orders because she keeps
him under her control.

그는 그녀가 그를 좌지우지하기 때문에
그녀의 명령에 따라야 해요.

공처가는 어떤 일을 하며 어떤 말은 못하는지 생각해보세요. 참고로 좀
적절치 못한 표현일 수도 있지만 be in the doghouse로도 표현할 수 있
어요.

참고 obey 복종하다 | be in the doghouse 난처한 입장에 처하다, 면목이 없게 되다

삐.

열심히 포즈를 취했는데도
사진이 잘 안 나왔어요.

You look better in
real life.
당신은 실제가 더 멋있어요.

짝짝짝.

키워드

**사진발이
안 받는다**

You look better in real life.
당신은 실제가 더 멋있어요.

**You look much prettier
than this picture.**
당신은 이 사진보다 훨씬 더 예쁜데요.

키워드
**사진발이
안 받는다**

**The picture can't show
how charming you are.**
이 사진은 당신의 매력을
충분히 보이질 못하고 있어요.

**This picture is
good, but you look better.**
이 사진도 좋지만 실물은 더 좋은데요.

사진발이 안 받는다 → 사진이 잘 나오지 않는다라고 말하고 싶은 것이니
본래의 의미 그대로 말해보세요. 즉 You don't photograph well. 한마
디로 말해 photograph badly인 거죠.

기저귀

단어가 떠오르지 않는다면
어떻게 말하면 좋을까요?

기저귀

diaper

[dáiəpər]

Baby underwear
'어린이 속옷'

Made of paper
'종이로 만든 것'

Disposable
'사용하고 버린다'

주사기라든지 또는 장갑,
콘텍트렌즈 같은
물품에서 많이 본 단어.

역시 위생이 중요!

디스포서블은
의료 용어로
자주 들었어요.

feel good…?

자기 기분에 취해
아무 말도 들리지 않는
상태예요.

크크크-

첫.

He doesn't listen to
anyone.
그는 누구의 말도
듣지 않아요.

키워드
콧대가 높다

He doesn't listen to anyone.
그는 누구의 말도 듣지 않아요.

He seems to believe he is perfect.
그는 자신이 완벽하다고 믿는 것처럼 보여요.

키워드
콧대가 높다

He is like, "I can do everything!"
그는 '나는 뭐든 할 수 있어' 하는 것 같아요.

He acts like a king but other people don't think he is a king.
그는 왕처럼 으스대지만 다른 사람은 그렇게 생각하지 않아요.

콧대가 높은 사람은 어떤 생각을 하고 있을까요? 자신감이 넘친다고 말하고 싶다면 He has been over confident.도 OK, 하지만 He is full of himself.라고 하면 오만한 느낌이 강하다고 할까요.

참고 confident 자신감 있는

10 즉흥적이다

여행 계획은
다 세웠어요?

아니요.
현지에서 정보를 들으면 되고,
짐도 최소로 준비했어요.

현지에서 사면 되니까….

 I never prepare when
I go on a trip.
나는 여행 갈 때
결코 미리 준비하지 않아요.

행동이 앞선달까?

키워드
즉흥적이다

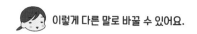

I never prepare when I go
on a trip.
나는 여행 갈 때 결코 미리 준비하지 않아요.

I decide where to go
and what to eat at
that moment.
나는 어디 갈까 뭘 먹을까를 순간적으로 정해요.

키워드
즉흥적이다

I never check
information before
traveling.
나는 여행 전에 아무 정보도
확인하지 않아요.

I don't make plans
about where to go and
what to eat while traveling.
나는 여행 중에 어딜 갈까, 무엇을 먹을까에 대해서
계획을 세우지 않아요.

'즉흥적이다'는 '계획성이 없다' = I have no plan.으로 바꿔 말할 수 있
어요. 관용구로 go with the flow라든지, on the spur the moment를 쓸
수 있어요.

참고   go with the flow 자연스러운 흐름에 맡기다 | on the spur the moment 순간적인 충동에서 | spur 박차, 자극제, 충동

강심장이란
강철로 된
심장인가요?

와

으쓱

아프지도 가렵지도
않아요.

It is nothing to me.
그런 거 나에게는
아무것도 아니에요.

후훗.

키워드

강심장

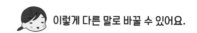

It is nothing to me.
그런 거 나에게는 아무것도 아니에요.

**Whatever you say,
it doesn't matter to me.**
네가 무슨 말을 하든 나에게는 상관없어요.

키워드
강심장

**I don't care
what you said.**
나는 네가 하는 말에 신경 안 쓴다고요.

It doesn't affect me.
그건 나에게 아무 영향도 미치지 않아요.

'상관없어' '아무것도 아냐'라고 하는 것을 얼마나 간단히 표현할 수 있는 지가 포인트예요. It's no big deal.이나 It doesn't bother me at all.으로도 전할 수 있어요.

참고 It's no big deal. 그건 큰 일이 아니에요. | It doesn't bother me at all. 그건 나를 전혀 괴롭히지 않아요

No Good
NG로 말하면 어색해요.

휴~
하마터면 그렇게
말할 뻔했는데.

넷.

It's not good enough.
그건 충분하지 않아요.

흐음~

키워드

**만족스럽지
않다**

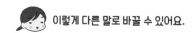

It's not good enough.
그건 충분하지 않아요.

I think it is OK,
but I expected more.
나는 좋다고 생각하지만, 좀 더 기대했어요.

키워드
**만족스럽지
않다**

I can't say it is the best.
나는 그것이 최고라고 말할 수 없어요.

You can do better
than this.
당신은 이것보다 더 잘할 수 있어요.

'만족스럽지 않다'를 '뭔가 부족하다'로 생각하면 It's lacking something.
으로도 말할 수 있어요. 다른 말로 한다면 not the greatest인 거죠.

참고) not the greatest 최고가 아니다

무

단어가 떠오르지 않는다면
어떻게 말하면 좋을까요?

무

radish

[ˈrædɪʃ]

White vegetable
'흰 야채'

Leaves on top
'위에 잎이 붙어 있다'

Shaped like a carrot
'모양은 당근 같다'

래디시는 서양무?

같은 거예요.

코리안 래디시라고도 말해요.

하고 싶은 이야기를 모두 다 할 수는 없어요. 어른이니까….

아니에요.

It's better not to mention it.
그것은 말하지 않는 것이 더 나아요.

몰라요.

키워드
침묵은 금

It's better not to
mention it.

그것은 말하지 않는 것이 더 나아요.

You don't need to say that.

당신은 그걸 말할 필요는 없어요.

키워드
침묵은 금

You should keep your
mouth shut.

당신은 입을 다물고 있어야 해요.

You should not
say that.

당신은 그걸 말해서는 안 돼요.

'침묵이 금'이란 사실을 노골적으로 말해버림으로써 흥이 깨질 수도 있어 입을 다물고 있는 편이 오히려 분위기를 좋게 만들거나 더 가치 있을 때 하는 말이에요. 고사성어나 옛말은 뉘앙스를 80퍼센트 버리고 '무엇을 말하려 하는가?'에 초점을 맞춰 생각해보세요. 물론 Silence is golden.이라고 표현해도 됩니다. 이건 동서양 모두 같은 표현이 있을 정도로 예로부터 중요한 격언이었네요.

우왕   좌왕

유카 선생님과의
약속시간에 늦겠어….
어쩌지?

오른쪽과 왼쪽을
힐끔거리며 왔다 갔다
하는 것을 말하는 거죠.

아아아.

I panicked.
나는 패닉 상태에
빠져버렸어요.

키워드
우왕좌왕하다

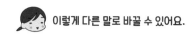

I panicked.
나는 패닉 상태에 빠져버렸어요.

I was confused and didn't know what to do next.
나는 혼란스러워져 다음에 무엇을 해야 할지 몰랐어요.

키워드
우왕좌왕하다

I was too confused to do what I was supposed to do.
나는 무엇을 해야 할지 너무 혼란스러워했어요.

I couldn't stay calm.
나는 차분히 있을 수가 없었어요.

우왕좌왕하는 사람은 왜 그러는 걸까요? 어떤 심정일까를 객관적으로 표현해보세요. 좀 무서운 표현이지만 run around like a chicken with its head cut off라는 숙어도 있어요.

참고 run around like a chicken with its head cut off 머리가 잘린 닭처럼 뛰어다니다
panic - panicked - panicked (겁에 질려) 어쩔 줄 모르다

그 효자손으로
무엇을 하려고요?

갖고 있는 도구가 하나도
없어요.

아아아~.

There is nothing
I can do.
내가 할 수 있는 게
하나도 없어요.

키워드
속수무책

119

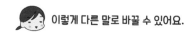

There is nothing I can do.
내가 할 수 있는 게 하나도 없어요.

**If I were a genius,
I would think of something.**
만일 내가 천재였다면
뭔가 생각해냈을 수도 있어요.

키워드
속수무책

**I have no idea what
I should do.**
내가 무엇을 해야 할지 전혀 모르겠어요.

I don't know what to do.
나는 어떻게 하면 좋을지 모르겠어요.

'대처법이 없다' '너무 힘든 상황이다' 등의 어른 말로 바꿔서 생각하면
표현을 넓히기 힘들기 때문에 어린아이에게 질문 받았을 때 어떤 대답을
할지를 생각해보세요. 그러면 I have no options.라고도 할 수 있어요.

참고 I have no options. 나에게는 다른 선택사항이 없다.

16 머리를 부여잡다

I am holding my head!

이것도
직역하면 안 되는
표현이에요.

어쩌지?

I don't know what to do.
나는 어떻게 하면 좋을지
모르겠어요.

키워드

**머리를
부여잡다**

I don't know what to do.
나는 어떻게 하면 좋을지 모르겠어요.

I can't find the way out.
나는 (해결)방법을 찾을 수가 없어요.

키워드
**머리를
부여잡다**

**I really want to
escape from this problem.**
나는 진짜 이 문제에서 도망치고 싶어요.

**I have been thinking
for a long time,
but I can't find a solution.**
나는 오랫동안 생각했지만,
해결방법을 찾지 못하겠어요.

머리를 부여잡고 있는 사람이 하는 말을 생각해보면, 순간 표현이 나올
수도 있어요. 그러면 It's such a headache.로도 전할 수 있죠. 최근에 머
리를 부여잡을 정도로 고민했던 상황을 떠올려보세요.

참고 It's such a headache. 이건 골칫거리 같은 거야.

튜브

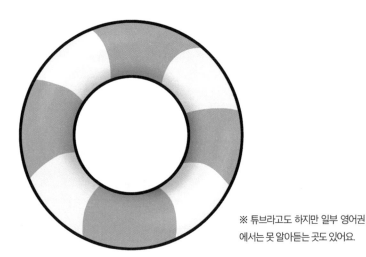

※ 튜브라고도 하지만 일부 영어권
에서는 못 알아듣는 곳도 있어요.

단어가 떠오르지 않는다면
어떻게 말하면 좋을까요?

튜브

Swim ring

[swɪm rɪŋ]

Like a donut
'도넛 같은'

In the swimming pool
'풀장에서'

For children who can't swim
'수영을 하지 못하는 아동용'

수영

아이가
끼는 것

링

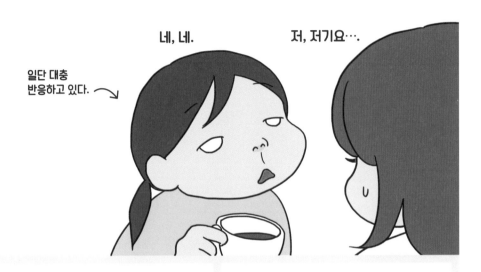

네, 네.

저, 저기요….

일단 대충
반응하고 있다.

쳇~

He said "A-ha",
but obviously he wasn't
listening.
그는 '응'이라고 말은 하지만
분명히 듣고 있지 않아요.

키워드
건성건성

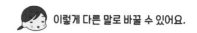

He said "A-ha", but
obviously he wasn't
listening.

그는 '응'이라고 말은 하지만
분명히 듣고 있지 않아요.

I wish he would
listen to me seriously.

나는 그가 신중하게 내 이야기를
들어주면 좋겠어요.

키워드
건성건성

He was thinking about
something else while
I was talking to him.

내가 말을 걸어도 그는 뭔가
다른 것을 생각하고 있었어요.

He is physically here,
but his mind is not.

그는 몸은 여기에 있지만,
마음은 여기에 있지 않아요.

건성인 사람은 어떤 행동을 할까요? 요즘 젊은이들 사이에서는 '영혼이
없다'는 말도 자주 쓰는데 영어로 하면 His mind is elsewhere.와 비슷
할까요?

참고 His mind is elsewhere. 그의 마음은 어딘가 다른 곳에 있어요.

한 번 봐주다

진짜 한 번 쳐다본다는
의미가 아니에요.

이번만 넘어가줄까?
아니면 따끔하게 혼을 낼까?

음~.

이번만이에요.

I said to him,
"This time it's OK."
나는 그에게 '이번만
알았다'고 말했어요.

키워드
한 번 봐주다

I said to him,
"This time it's OK."

나는 그에게 '이번만 알았다'고 말했어요.

He was too careless!
I told him it's OK, but this
would be the last time.

그는 주의력이 너무 부족했어요! 그에게 나는
이번은 알겠지만, 이게 마지막이라고 말했어요.

키워드
한 번 봐주다

I ignored what he had
done this time.

나는 이번은 그가 한 일을
못 본 걸로 했어요.

I hope this won't
happen again.

나는 이런 일이 다시 일어나지 않기를 희망해요.

부하의 실수를 보고도 너그럽게 '한 번 봐주는 상사'는 어떤 말을 할까
요? '한 번 봐주다'와 사전적으로 가장 가까운 말은 I'll let it pass this
time.이 돼요.

참고   I'll let it pass this time. 내가 이번은 넘어가 주겠다.

맞지만
또 다른 표현으로
해보세요.

Good person?

She is too kind.
그녀는 너무 친절해요.

맞아 맞아.

키워드

호인

She is too kind.
그녀는 너무 친절해요.

She is so innocent that she is always deceived.
그녀는 너무 순진해서 언제나 속아요.

키워드
호인

She always believes everything.
그녀는 항상 모든 걸 믿어요.

She never says no to anybody.
그녀는 모두에게 거절을 못해요.

이런 사람, 주위에 한 명쯤은 꼭 있지 않나요? 호인인 그녀가 할 것 같은 말과 행동을 곰곰이 생각해보세요. 사전적으로 가장 가까운 말은 a hopelessly softhearted person이 될 수 있어요.

참고 a hopelessly softhearted person 어찌할 도리 없이 따뜻한 마음을 가진 사람

입뿐만 아니라
얼굴 전부가 무겁네요 뭐.

철컹
철컹.

He can keep a secret.
그는 비밀을 지킬 수 있어요.

쉿-.

키워드
입이 무겁다

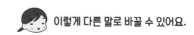

He can keep a secret.
그는 비밀을 지킬 수 있어요.

I can trust him.
나는 그를 믿을 수 있어요.

키워드
입이 무겁다

I said, "Don't tell anybody", and he said he won't. I believe him.
내가 '누구에게도 말하지 마'라고 했고
그는 안 하겠다고 했어요. 나는 그를 믿어요.

I believe he is not going to tell anybody this secret.
나는 그가 이 비밀을
누구에게도 말하지 않을 것을 믿어요.

입이 무거운 사람은 어떤 사람일까요? 구체적으로 상황을 생각해보세요. 그 사람이 할 것 같은 말도 함께 떠올려보세요. 그의 입이 무거운 결과 어떻게 될 것인가를 상상해봐도 좋아요. 이런 표현도 좋지 않을까요?
His lips are sealed.

참고 His lips are sealed. 그의 입술은 봉인되었다.

이불이
어쩌구….

베개가 저쩌구….

너무 말이
많은 거 아냐.

다 들어야 해?

I don't know what
to say.
나는 뭐라고 말해야 할지
모르겠어요.

요령이 없어서….

키워드

시시콜콜

I don't know what to say.
나는 뭐라고 말해야 할지 모르겠어요.

I shouldn't have listened to you.
나는 듣지 않았으면 좋았을 것 같아요.

키워드
시시콜콜

You are wasting my time!
당신은 내 시간을 허비하고 있어요!

That's so stupid.
너무 어리석어요.

말이 너무 많은데다 핵심도 없이 주변 이야기까지 죄다 풀어놓는 사람이 있죠. 그런 사람에게 해주고 싶은 말, 그런 사람 때문에 힘들었던 상황을 어떻게 표현할 수 있을까요?

체중계

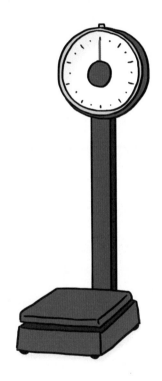

단어가 떠오르지 않는다면
어떻게 말하면 좋을까요?

체중계

Bath scale

[bæθ skeɪl]

To know how heavy you are

'당신이 어느 정도 무게인지 알기 위해'

After taking a bath

'목욕 후에'

Usually square

'보통은 사각'

bathroom scale

배스룸 스케일이라고도 해요.

이런!

아, 난
사각이 아닌 놈으로
사버렸는데.

22 싹싹한 사람

처음 봤지만
마치 여러 번
본 것처럼.

하하

편하게
언니라고 불러.

이걸 싹싹하다고
하는 걸까요?

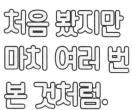

하하하

He is friendly.
그는 친근해요.

악수, 악수

키워드
싹싹한 사람

He is friendly.
그는 친근해요.

It is not easy for me to say "Hi" to other people but he is an exception.
나는 타인에게 '안녕' 하고 말을 거는 게 쉽지 않지만, 그에게는 할 수 있어요.

키워드
싹싹한 사람

He looks like he always accepts people.
그는 언제나 사람들을 받아들이려는 듯 보여요.

He always smiles.
그는 언제나 웃고 있어요.

싹싹한 사람을 머릿속으로 떠올리며 내가 영어로 말할 수 있는 것을 찾아보세요. 그러면 이런 표현도 나올 수 있어요. He is an approachable person.

참고 He is an approachable person. 그는 가까이 하기 쉬운 사람이다.

유머는 나에게
맡겨주세요!

훗훗.

팡팡

자신있어요.

유미 씨,
너무 재미있어요.

You are getting
funnier day by day.
당신은 매일매일
더 재미있어져요.

키워드

**유머감각이
좋아지다**

You are getting funnier day by day.

당신은 매일매일 더 재미있어져요.

You have really become a talented comedian.

당신은 정말 재능있는 코미디언이 되고 있어요.

키워드
유머감각이 좋아지다

I can't believe you are the same person I met last time.

나는 당신이 마지막에 만났을 때와 같은 사람으로 믿겨지지 않아요.

Your choice of words has become more humorous.

당신의 말 선택이 갈수록 재미있어져요.

'유머감각이 좋아졌다'는 칭찬을 하고 싶은데 막상 말이 안 떠오르면 상황을 생각해보세요. 유머감각이란 결국 말이나 행동을 재미있게 하는 거 아닐까요? 직접적으로 Your sense of humor has improved.로 말할 수도 있어요.

마법 상자 응용편
- 말을 바꿔보는 심화 훈련

축하해요!
Congratulations!

짝짝짝.

오, 난다 난다.
Oh, I can fly.

I need some time to forgive her.
나는 그녀를 용서하는 데 조금 더 시간이 필요해요.

세 문장 더 떠올려
빈칸을 채워보세요.

키워드
**마음이 풀리지
않는다**

마음이 풀리지 않는다는 것은 strong-headed, stubborn이에요. 하지만 이것 외에 고집을 부리는 사람의 마음 자체를 영어로 표현해보면 좀 더 전달이 쉬워질 수 있어요.

참고 strong-headed / stubborn 완고한, 고집 센

You worried about it
too much.
You will get sick.

당신은 너무 그것에 대해 걱정하고 있어요.
그러면 병 생겨요.

키워드
**위에
구멍이 난다**

'위에 구멍이 난다'를 어른 말로 '궤양'이라고 한다면 If you worry too much, you'll give yourself an ulcer.로 말할 수 있어요. 하지만 궤양이라는 어른 말을 버리고 어린아이 말로 바꿔서 자꾸자꾸 연습해보세요. 또 뭐라고 할 수 있을까요?

참고   ulcer 궤양, 염증

I need some time to
forgive her.
나는 그녀를 용서하는 데
조금 더 시간이 필요해요.

I know I should forgive
her, but I can't.
그녀를 용서해야 하는 건 알지만
그럴 수 없어요.

키워드
**마음이 풀리지
않는다**

I pretend to be angry.
나는 화가 난 것처럼 하고 있어요.

I should tell her
"It's OK," but I don't want to.
나는 그녀에게 '괜찮아'라고
해야 하는데 말하고 싶지 않아요.

You worried about it
too much.
You will get sick.
당신은 너무 그것에 대해 걱정하고 있어요.
그러면 병 생겨요.

If you think too much,
you'll become sick.
너무 지나치게 생각하면 병이 나요.

키워드
**위에
구멍이 난다**

Too much worrying is
bad for your health.
너무 걱정하는 건 당신의 건강에 나빠요.

Don't think too much.
It's not good for
your health.
너무 생각하지 말아요.
당신의 건강에 좋지 않아요.

왜 회의 중에
눈을 감고 있나요?

음~.

 '말도 안 돼'라고 말하고 싶어 하는 것 같잖아요.

 아니~! 머릿속을 정리하기 위해 그러는 거 아닌가요?

**'최근 그가 상냥하게 나오는데
뭔가 뒤가 켕기는 게 있는 것 같아'를 말하고 싶은 때**

He might have something
he doesn't want you
to know.

그는 당신에게 알리고 싶지 않은
뭔가가 있는 것 같아요.

키워드
뒤가 켕기다

'뒤가 켕기다' 하면 어떤 영어가 떠오르나요? 일대일 대응이나 직역을 버리고 왜 뒤가 켕기는 그는 평소와는 다르게 더 상냥하게 나올까를 잘 생각해보세요. 아마 이런 심정 아닐까요? He feels guilty.

참고　He feels guilty. 그는 죄책감을 느낀다.

**I can't prepare
more than this!**
나는 이것보다 더 이상 준비할 수 없어요!

키워드
**손가락이
근질거린다**

'손가락이 근질거린다'라고 말하는 사람은 왜 그런 말을 하는 걸까요? 사건, 사실을 바탕으로 이미지를 확대해보세요. '손가락이 근질거리다 = 뭐든 하고 싶어 안달이 났다'로 생각해 can't wait로도 쓸 수 있어요.

He might have something he doesn't want you to know.
그는 당신에게 알리고 싶지 않은 뭔가가 있는 것 같아요.

He might be hiding something.
그가 뭔가를 감추고 있는 것 같아요.

키워드
뒤가 켕기다

He doesn't want you to worry and check his cell phone.
그는 당신에게 걱정시키거나 자신의 핸드폰을 체크 당하고 싶어 하지 않아 해요.

He might have something he is ashamed of.
그에게 뭔가 부끄러운 것이 있는 것 같아요.

I can't prepare more than this!
나는 이것보다 더 이상 준비할 수 없어요!

I am completely ready for the test.
나는 완전히 그 시험에 준비됐어요.

키워드
손가락이 근질거린다

I believe I'll pass the test because I have done my best.
나는 최선을 다했기 때문에 그 시험에 합격할 거라 믿어요.

I think I am totally prepared for the test.
나는 그 시험에 모든 준비를 마쳤다고 생각해요.

코가 어땠는데요?

저요?

 나를 가리킬 때는 가슴에 손을 대잖아요.

 아! 그래요?

His plan is perfect, but it is
probably hard to achieve.
그의 계획은 완벽하지만
이루기는 아마 힘들 거예요.

키워드
**그림의
떡이다**

'그림의 떡은 실물이 아니다 → 현실에서 실현하기 힘들다'라는 흐름으로
생각해보세요. 그림의 떡을 사전에서 찾아보면 Pie in the sky로 나와 있
어요. '하늘의 파이'라고 할 수 있겠죠.

Have you ever experienced a situation like this?

당신도 이와 같은 상황을 경험해본 적이 있나요?

키워드

**입장 바꿔
생각해봐**

'입장 바꿔 생각해봐'는 알기 쉽게 설명하자면 '내가 되어봐'라는 말이에요. 역지사지라는 한자어도 떠오르죠? 그렇지만 우리는 더 쉬운 말을 찾아야 해요. 언뜻 생각할 수 있는 관용구는 Put yourself in my shoes. 예요.

His plan is perfect, but it is probably hard to achieve.

그의 계획은 완벽하지만
이루기는 아마 힘들 거예요.

It would be like a dream come true if he could succeed with his plan.

만일 그가 계획을 성공시킨다면
꿈이 실현된 것 같을 거예요.

키워드
**그림의
떡이다**

His plan probably won't succeed.

그의 계획은 성공할 것 같지 않아요.

His plan will succeed only in his dream.

그의 계획은
꿈속에서나 성공할 거예요.

Have you ever experienced a situation like this?

당신도 이와 같은 상황을 경험해본 적이 있나요?

If you were me, I don't think you would say that.

만일 당신이 나였다면
그렇게는 말하지 못했을 거라고 생각해요.

키워드
**입장 바꿔
생각해봐**

If you see it from my side, you'll know how I feel.

당신이 내 입장에서 본다면
내가 어떻게 느꼈는지 알 거예요.

If you were in my position, you would know how I feel.

만일 당신이 내 입장이었다면
내가 어떤 기분이었을지 알 거예요.

여기, 이리로 와.

까딱까딱.

 손을 까딱까딱하면 가라는 건지 오라는 건지 알 수 없어요.

 진짜 그렇네요.

He always worries about
what his wife is thinking.
그는 언제나 부인이 무슨 생각을
하는지 염려해요.

키워드
**안색을
살피다**

부인의 안색을 살피는 그는 어떨 때 어떤 말을 하거나, 어떤 말을 하지
못할까요? 상황을 좀 더 분명하게 말하면 도움이 돼요. 언뜻 생각해본
다면 He is wary of his wife's moods.로 표현할 수 있어요.

참고 wary 경계하는, 조심하는

'그 자식 언제나 상사한테 비벼대고 말이야'라는 말이 하고 싶을 때

**Every morning, soon after
he finds the boss, he goes
"You look great, as always."**
그는 매일 아침 상사를 보면 곧바로
'언제나 멋지세요'라고 말을 건네요.

키워드
비벼대다

비벼대는 것은 아부를 하고 잘 보이려고 노력하는 거죠. 그런 그가 할 법한 말을 생각해보세요. 언뜻 생각해 말한다면 butter up이나 kiss up to 예요.

참고 butter up 기름을 치다, 아부를 하다 | kiss up to 애교를 떨다, 타협하다

He always worries about
what his wife is thinking.
그는 언제나 부인이 무슨 생각을
하는지 염려해요.

He couldn't ask his wife,
"Can I go out for a drink
tonight?" because she
was in a bad mood today.
그는 오늘 아내의 상태가
안 좋았기 때문에 '오늘밤 한잔하고
와도 돼?' 하고 물을 수 없었어요.

키워드
**안색을
살피다**

He can only say,
"Can I go drinking?"
when she is in a good mood.
그는 부인이 좋은 기분일 때만
'나 술 마시러 가도 돼'라고 물을 수 있어요.

He never mentions
going drinking when
his wife looks angry.
그는 부인이 화나 보일 때에는
절대 술자리에 가겠다는 말을 하지 않아요.

Every morning, soon after
he finds the boss, he goes
"You look great, as always."
그는 매일 아침 상사를 보면 곧바로
'언제나 멋지세요'라고 말을 건네요.

He always tries to make
his boss like him.
그는 언제나 상사가 그를
좋아하도록 노력해요.

키워드
비벼대다

His favorite phrase with
his boss is "I respect you."
그가 상사에게 하는 가장
좋아하는 말은 '존경합니다'예요.

He likes to say to
his boss, "I respect you."
그는 상사에게 '존경합니다'라고
말하는 걸 좋아해요.

외국인이 이해하기 힘든 행동 4

이 행동은 뭐야?

 yes로 착각하기 쉬워요.

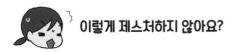 이렇게 제스처하지 않아요?

Your attitude to him is so
bad that I can't accept it.

당신의 그에 대한 태도는 매우 나빠서
나는 그것을 받아들일 수 없어요.

키워드
업신여기지 마

'업신여기지 마'에서 무엇을 말하고 싶은 걸까요? 본질을 생각해보세요.
언뜻 떠올릴 수 있는 말은 insult / be disrespectful of / Don't make a
fool of him. 등이에요.

참고 insult 모욕

**Kids have so many things
that they want and can do.**
아이들이란 하고 싶은 것,
할 수 있는 것이 정말 많아요.

키워드
원기왕성하다

원기왕성한 아이의 모습을 떠올려보고 무엇을 하고 있는지(이미지를 표현), 어떤 말을 할 것 같은지 생각해보세요. 원기왕성을 언뜻 생각해 말한다면 very lively and full of energy로 표현할 수 있어요.

Your attitude to him is so
bad that I can't accept it.
당신의 그에 대한 태도는 매우 나빠서
나는 그것을 받아들일 수 없어요.

Don't treat him like that.
그를 그런 식으로 취급하지 마.

키워드
업신여기지 마

It looks like you think
he is a fool. (You seem to
think he is a fool) And
I don't like this.
당신은 그를 바보라고 여기는 것 같은데
나는 그것이 좋지 않아요.

You should respect him
a little more.
당신은 그를 좀 더 존경해야 해요.

Kids have so many things
that they want and can do.
아이들이란 하고 싶은 것,
할 수 있는 것이 정말 많아요.

Kids run and play all day.
아이들은 하루 종일 뛰고 놀아요.

키워드
원기왕성하다

Kids always say,
"What are we going to do
next?"
아이들은 언제나 '다음엔 뭐해?' 하고 말해요.

Kids never say,
"We are tired."
아이들은 절대 '지친다'고 말하지 않아요.

외국인이 이해하기 힘든 행동 5

외국인에게는 보이지 않는
벽이라는 게 있지 않아요?

 자석처럼 플러스와 플러스는 서로 붙지 않는 느낌이랄까요.

 네~ 뭔가 살짝 밀어내는 듯한 느낌 말이지요?

The relationship between
them is really bad.
그들 사이의 관계는 정말 나빠요.

키워드
견원지간이다

견원지간인 두 사람은 어떤 분위기일까를 생각해보세요. 견원지간을 언뜻 생각해 말하면 They are like cat and dog with each other.예요. 영어에서는 '개와 원숭이'가 아니라 '개와 고양이'이죠.

I was like, "Don't tell anybody, otherwise you are going to be in trouble."

나는 '누구에게도 말하지 마, 그러지 않으면 당신은 곤경에 처할 거야'라는 식으로 말했어요.

키워드
입막음을 하다

입막음을 하기 위해서 내가 그녀를 향해 무슨 말을 했을까를 생각해 보세요. 입막음을 영어로 언뜻 생각해 말한다면 swear someone to secrecy예요.

참고   swear 맹세하다 | secrecy 비밀 유지

The relationship between them is really bad.

그들 사이의 관계는 정말 나빠요.

They are always arguing about something.

그들은 언제나 무엇에 대해 논쟁해요.

키워드
견원지간이다

When she and he are together, there is never any peace.

그녀와 그가 함께 있을 때 평화는 결코 없어요.

He never agrees with her opinion, and neither does she.

그는 절대 그녀의 의견에 동의하지 않고 그녀도 마찬가지예요.

I was like, "Don't tell anybody, otherwise you are going to be in trouble."

나는 '누구에게도 말하지 마, 그러지 않으면 당신은 곤경에 처할 거야'라는 식으로 말했어요.

I asked her not to tell anybody about it.

나는 그녀에게 누구에게도 그것에 대해 말하지 말라고 부탁했어요.

키워드
입막음을 하다

We promised to keep it a secret.

우리는 그것을 비밀로 하자고 약속했어요.

I told her, "If you tell this to anybody, I'll be so mad."

나는 그녀에게 '만일 네가 누군가에게 그것을 말한다면 나는 정말 화가 날 거야' 하고 말했어요.

지나친 반복 사용

 음~ 하면 단순히 뉘앙스로 생각하겠지만 이것도 연발해 사용하다 보면 '그렇죠?' '그렇죠!'로 들릴 수 있어요.

 그저 '음'이라고만 생각했어요.

I don't trust him because
he only says, "I'll do it",
but he doesn't.

그가 '내가 그걸 할게'라고 말만 하고
하지 않기 때문에 나는 그를
신용할 수 없어요.

키워드
말뿐이다

'그래, 그래' 하고 입만 놀리는 사람이 할 것 같은 말과 행동을 떠올려보세요. 이렇게 늘 말만 앞세우는 사람을 언뜻 생각해 말해본다면 He is all talk and no action.이에요.

I can't concentrate on my job since my boss keeps on checking my progress.

상사가 일일이 내 일의 진행 상황을 확인하고 있으니 일에 집중을 못하겠어요.

키워드
잔소리가 많다

시끄러운 상사가 할 것 같은 행동이나 말을 생각해보세요. 언뜻 생각해 말한다면 bug나 annoy가 될 수 있어요. 그러면 The boss is bugging me to work faster.로도 표현할 수 있어요.

참고 bug 벌레, 괴롭히다 | annoy 귀찮게 하다, 짜증나게 하다

I don't trust him because he only says, "I'll do it", but he doesn't.

그가 '내가 그걸 할게'라고 말만 하고 하지 않기 때문에 나는 그를 신용할 수 없어요.

He promises but never acts.

그는 약속했지만 실천하지 않아요.

키워드
말뿐이다

What he says is never true.

그가 말한 것은 절대 진실하지 않아요.

He always says, "Let's go for a drink!" but never actually makes a plan.

그는 언제나 '술 마시자!' 하고 말하지만 절대 실제 계획을 세우지는 않아요.

I can't concentrate on my job since my boss keeps on checking my progress.

상사가 일일이 내 일의 진행 상황을 확인하고 있으니 일에 집중을 못하겠어요.

She asks me, "Did you finish the work?" 100 times a day.

그녀는 '그 일 끝냈어?' 하고 하루에 백 번이나 물어봐요.

키워드
잔소리가 많다

She asked me "Did you finish the work yet?" soon after she asked the same question.

그녀는 '아직도 그 일이 안 끝났어?' 하고 나에게 질문을 하고 곧바로 같은 질문을 했어요.

She keeps on asking me, "Did you finish?" all day.

그녀는 나에게 '끝났어?' 하고 하루 종일 물어봐요.

영어로 대화를 하고 있는데
말이 자꾸 끊어져요.
어떻게 이어가면 좋을까요?

몇 개 정도 연결 멘트는
외워두면 좋을 것 같아요.

예를 들어서요?

여기 이것들을 기억해
두었다 사용해보세요.

'~해서?'라는 느낌

아.

That reminds me~
그래서 생각해봤는데~

Speaking of~
말하자면~

I was wondering~
부탁할 일이 있을 때 본론을 말하기 전에
이 말로 시작하면 자연스러워요.

**If there is a good way
and a bad way,
this must be bad!**
좋은 방법과 나쁜 방법이 있다면
이것은 틀림없이 나쁜 쪽이에요!

키워드

**더러운 수작
하지 마**

더러운 수작, 속임수는 어떤 걸까요? 아이가 '더러운 수작이 뭐예요' 하고 물어본다면 뭐라고 쉽게 답할지 생각해보세요. Stop playing dirty tricks.이겠죠.

My advice means nothing to him.
내 충고는 그에게 있어 아무런 의미가 없어요.

키워드
**듣는 귀가
없다**

듣는 귀를 갖고 있지 않는 사람은 무엇을 하거나 하지 않을까요? turn a deaf ear to someone's advice라고도 표현할 수 있어요. no ear는 통하지 않으니 주의 바람(웃음).

참고   deaf 귀가 먹은, 주의를 기울이지 않는

If there is a good way
and a bad way,
this must be bad!

좋은 방법과 나쁜 방법이 있다면
이것은 틀림없이 나쁜 쪽이에요!

You are not supposed to do
this kind of thing.

당신은 그렇게 해서는 안 돼요.

키워드
**더러운 수작
하지 마**

Hey! It's like a child to
ignore the rules!

여보세요! 규칙을 무시하는 건
아이 같은 짓이에요.

You are breaking the rules.

당신은 규칙을 위반하고 있어요.

My advice means nothing
to him.

내 충고는 그에게 있어 아무런 의미가 없어요.

He doesn't accept
other people's ideas.

그는 타인의 생각을 받아들이질 않아요.

키워드
**듣는 귀가
없다**

He thinks he is always
right, so he doesn't
take my advice.

그는 자신이 언제나 옳다고 생각해서
내 충고를 받아들이질 않아요.

He is not flexible.

그는 유연하지 못해요.

부드러운 회화 요령 2

모르는 단어가 있으면
상대에게 퀴즈를 내보세요.

퀴즈?

네! 답을 상대에게
듣는 거죠.

문제를 어떻게 내야 하죠?

What do you call~
무엇을 뭐라고 말하지~?

How do you say~
어떻게 말하지~?

I forgot the name~
~이름을 잊어버렸어.

든지!!

와~ 역시.

**She didn't want
her friends to know that
she didn't know.**
그녀는 친구들에게 자신이
모른다는 것을 알리고 싶어 하지 않았어요.

키워드
아는 척하다

아는 척한다는 건 사실 잘 모르는 거죠. 안다면 그냥 말하면 되는 거고
요. 아는 척을 하는 그녀는 어떤 말을 할까요? 언뜻 생각해 말해본다면
She is a know-it-all.이에요.

참고   know-it-all 아는 체하는 사람, 똑똑한 척하는 사람

I spent too much.
나는 돈을 너무 많이 썼어요.

키워드
낭비하다

구체적인 숫자를 말하는 것도 꽤 좋은 요령이 되겠죠. 또 '예산'이라는 말을 알고 있다면 over budget이나 exceed the budget으로도 말할 수 있어요.

She didn't want
her friends to know that
she didn't know.

그녀는 친구들에게 자신이
모른다는 것을 알리고 싶어 하지 않았어요.

She pretended to know it.

그녀는 그것을 아는 척 했어요.

키워드
아는 척하다

She hid the fact that
she didn't know it.

그녀는 그것을 모른다는
사실을 감췄어요.

She said, "Of course
I know", but she didn't.

그녀는 '물론 나도 알지'라고 말했지만 몰랐어요.

I spent too much.

나는 돈을 너무 많이 썼어요.

I didn't have enough money.

나는 충분한 돈이 없었어요.

키워드
낭비하다

I planned to spend ₩10,000,
but I spent ₩20,000.

나는 만 원을 쓰려고 계획했는데 2만 원을 썼어요.

I spent more than I planned.

나는 계획했던 것보다 많이 썼어요.

흔히 '일상회화 정도'라고
하지만 그게 제일 어려워요.

네엣!?
매일 하는 말이 왜요?

범위가 너무 넓어요,
일상회화란 게.

그럼 무엇에 대해서
이야기하면 좋을까요?

경험

자신의 전문 분야

이 세 가지로
회화는 어느 정도 진행이
가능합니다.

자국 문화

이거 사전에 말을 미리
준비해두면 좋겠네요.

《꼼수 영어회화》 기초편 복습하기

어려운 단어, 복잡한 문법은 버리고 '세 마디'로 미니멀하게 말하는
영어회화 기초편에서 소개한 표현들을 기억하고 있는지 함께 복습해본다.
나머지 세 군데 빈칸을 채워보자.

다 잊어버린 것은 아니겠죠?
그렇다면 다시 한 번
복습해 보세요.

Your skin got sunburned.
피부가 볕에 탔네.

1
볕에 탔네!

**Cars move very slowly
since it's very crowded.**
차들이 너무 막혀서 아주 천천히 움직여요.

2
추석 연휴라
길이 혼잡하다

Use your brain.
머리를 쓰라고.

3
똑바로 해!

I respect you.
나는 당신을 존경해요.

4
베테랑이군요

My mission is all done.
내 미션은 모두 끝났어요.

5
역할을
끝내다

If you have (any) questions,
you are welcome to ask.
만약 당신에게 (어떤) 질문이든 있다면
물어보는 것을 환영해요.

6
질문은
주저 말고
해주세요

Our strength is our large selection of products.

우리의 강점은 선택 가능한 다양한 제품들이에요.

**7
다양한 상품이
풍부**

I want to get the goods from you, not an agency.

나는 대리점에서가 아닌 당신에게서
물건을 사고 싶어요.

**8
직거래할 수
있나요?**

Human resources will do job interviews this year.

인사부는 면접을 올해 할 것이다.

9
신입사원을
고용하다

Your credit card will take the refund.

당신의 신용카드는 환불금을 받을 거예요.

10
환불해
드리겠습니다

They said,
"No rooms this weekend."
그들은 '이번 주말은 방이 없다'고 말했어요.

11
주말은 예약이
차 있다

It's been easy until now,
but it's going to get
more and more difficult.
그것은 지금까지는 간단했지만
점점 어려워질 거예요.

12
경쟁이
치열해진다

We're going to start a
new business with them.

우리는 그들과 새로운 비즈니스를 시작할 거예요.

13
**새로운
사업 합병이
시작됩니다**

I will connect you to her.

나는 당신을 그녀에게 연결할 거예요.

14
**전화를
연결하다**

You can make an
appointment with
him after this Sunday.
당신은 일요일 이후라면
그와 약속할 수 있어요.

15
이번 주 형편이
어렵다

This song brings me back
to my childhood.
이 곡은 어린 시절을 나에게 다시 가져와요.

16
그리워진다,
추억하다

I had a high school reunion last week.
나는 고등학교 동창회가 지난주에 있었어요.

**17
동창회에
나가다**

Dessert goes in a different place.
디저트는 다른 장소로 가요.

**18
디저트는
다른 배**

How long does this stay
fresh?
언제까지 이것은 신선하게 유지되나요?

19
며칠이나
갑니까?

What do you call a train
that has beds?
당신은 침대가 있는 기차를 뭐라고 부르나요?

20
침대특급으로
타고 싶다

1권 복습 해답

1. 볕에 탔네!

You look different! Did you go to Hawaii?
너 달라 보여! 하와이에 갔었니?

You look like you enjoyed summer vacation!
너 여름휴가를 즐긴 것처럼 보여!

You are browned by the sun.
햇볕에 탔구나!

2. 추석 연휴라 길이 혼잡하다

It will take forever if I go by car in this season.
이 시기에 내가 차로 간다면 영원히 가야 할 거예요.

There will be so much traffic during Chuseok.
추석 연휴 동안에 교통 정체가 심할 거예요.

Everybody goes back to their hometown by car.
모두 차로 귀성한다.

3. 똑바로 해!

Act like an adult.
어른처럼 행동하라구.

You already know what is right, don't you?
너 뭐가 맞는지 이미 알지, 그렇지?

You are not a child anymore.
너는 더 이상 아이가 아니야.

4. 베테랑이군요

You know everything!

당신은 모든 것을 알고 있어요!

Everybody is counting on you.
모두는 당신을 의지하고 있어요.

You have a lot of experience.
당신은 많은 경험을 가지고 있어요.

5. 역할을 끝내다

I've done my part.
나는 내 파트를 끝냈어요.

You can survive without me from now on.
당신은 나 없이도 이제부터는 살아남을 수 있어요.

You don't need me anymore.
당신은 나를 더 이상 필요로 하지 않아요.

6. 질문은 주저 말고 해주세요

If you have (any) questions, please do not hesitate to ask.
만약 당신이 (어떤) 질문이든 있다면, 질문하는 것을 주저 마세요.

If you have (any) questions, I'm happy to answer.
만약 당신이 (어떤) 질문이든 있다면, 나는 답하는 게 기뻐요.

If you have (any) questions, please let me know.
만약 당신이 (어떤) 질문이든 있다면, 내가 알게 해주세요.

7. 다양한 상품이 풍부

You can find whatever you want.
당신은 당신이 원하는 무엇이든 찾을 수 있어요.

Our company has many items.
우리 회사는 많은 아이템을 가지고 있어요.

Our strength is providing many kinds of products.
우리의 강점은 많은 종류의 상품을 제공하는 거예요.

8. 직거래할 수 있나요?

Can we make a contract directly?
우리들은 계약을 직접 할 수 있습니까?

Is it possible for us to work together without an agency?
대리점 없이 우리가 함께 일하는 게 가능할까요?

Can I buy from you directly without using a distributor?
나는 대리점의 사용 없이 당신에게서 직접 살 수 있나요?

9. 신입사원을 고용하다

New employees will be hired.
새로운 사원들이 고용될 거예요.

We will be working together with some new people.
우리는 몇몇 새로운 사람과 함께 일할 거예요.

Some new people will join the company.
몇몇 새로운 사람이 회사에 합류할 거예요.

10. 환불해드리겠습니다

We will refund the money to your credit card.
우리는 당신의 신용카드로 돈을 환불할 거예요.

The money will go to your credit card.
돈은 당신의 신용카드로 갈 거예요.

You will receive the money in your credit card account.
당신은 당신의 신용카드 계좌로 돈을 받을 거예요.

11. 주말은 예약이 차 있다

Bookings are not available for the weekend.
이번 주말은 예약이 가능하지 않아요.

They can't accept another reservation this weekend.
그들은 이번 주말은 다른 예약을 받을 수 없어요.

We can't stay at a hotel on the weekend since they are all booked.
우리들은 전부 예약되어 있어서 주말에 호텔에 머물 수 없어요.

12. 경쟁이 치열해진다

Competition will be intense.
경쟁이 치열해질 거예요.

Competition will grow day by day.
경쟁이 나날이 커질 거예요.

We will be under huge pressure in this market.
우리들은 이 시장에서 큰 압박을 받을 거예요.

13. 새로운 사업 합병이 시작됩니다

A new business partnership will be launched.
새로운 사업 파트너십이 시작될 거예요.

The new partner company was decided.
새로운 파트너가 될 회사가 결정되었어요.

We will work together with a new partner.
우리는 함께 새로운 파트너와 일할 거예요.

14. 전화를 연결하다

Let me put you through.
내가 당신을 연결하겠습니다.

I will check if she is at her desk.
나는 그녀가 책상에 있는지 체크할 거예요.

Please hold on one second. (Just a moment.)
잠시 기다려주세요.

15. 이번 주 형편이 어렵다

He is unavailable until next week.

그는 다음 주까지 형편이 어려워요.

His schedule next week is free.
그의 다음 주 스케줄은 자유입니다.

He will be OK next week.
그는 다음 주는 오케이일 거예요.

16. 그리워진다, 추억하다

I was always singing this song.
나는 이 곡을 항상 불렀어요.

This song reminds me of old memories.
이 곡은 나에게 옛 추억을 생각나게 해요.

When spring comes, I remember this song.
봄이 오면, 나는 이 곡을 기억해요.

17. 동창회에 나가다

I went to see my old classmates last week.
나는 지난주에 옛 반 친구들을 만나러 갔어요.

My high school friends had a party last week. They changed a lot!
고교 시절의 친구들이 지난주에 파티를 했어요. 모두가 많이 변했더라구요!

I met my friends from school. It's been 30 years!
나는 학창 시절 친구들과 30년 만에 만났어요!

18. 디저트는 다른 배

I was full, but I can eat dessert. What a mystery.
나는 배가 불렀지만 디저트를 먹을 수 있어요. 이 미스터리는 뭐죠.

I can't eat anymore. But I can eat ice cream somehow.
나는 더 이상은 먹을 수 없어요. 그렇지만 나는 어떻게든 아이스크림을 먹을 수 있어요.

I totally forgot I was full when I saw the sweets.

나는 디저트를 보는 순간 내가 배가 부르다는 것을 완전히 잊었어요.

19. 며칠이나 갑니까?

Should I eat this quickly? Like tomorrow?
내가 이것을 바로 내일이라도 먹어야 하나요?

Does this stay good for a long time?
이것은 좋은 상태로 오랫동안 유지됩니까?

Until when should I eat this?
언제까지 이것을 내가 먹어야 하나요?

20. 침대특급으로 타고 싶다

I want to ride a train with a place to sleep.
나는 잠을 잘 곳이 있는 기차를 타고 싶어요.

It's a long-distance express. So, I need to sleep in a bed.
그것은 장거리 특급이에요. 그래서 나는 침대에서 잘 필요가 있어요.

I want to sleep in a train bed.
나는 기차 침대에서 자고 싶어요.

47페이지 1권 복습 해답

1. No chocolate, no life.
   초콜릿이 없다면 살 수 없다.

2. I am addicted to chocolate.
   나는 초콜릿 중독이다.

3. Chocolate makes me happy.
   초콜릿은 나를 행복하게 해준다.

4. I can't live without chocolate.
   나는 초콜릿 없이는 사는 낙이 없다.

낙오자 유학생이
꼼수 영어 강사가 된 이유

20년 전 열여섯 살의 나이로 나는 의기양양하게 태어나서 처음으로 비행기를 탔습니다. 중학교 때 영어 공부를 시작한 나는 학교 쉬는 시간에 교직원실을 뻔질나게 드나들면서 오스트레일리아 출신 영어 선생님에게 말을 걸 정도로 막연하게 영어가 너무 좋았습니다.

'나는 영어로 말할 수 있어! 당당히 외국인들과 대화를 할 거야!' 이것이 선생님의 인내력을 시험하는 일이라는 생각은 전혀 못한 채 그저 영어를 할 수 있을 거라는 내 마음에만 취해 무조건 말을 걸었던 것입니다.

"영어로 말하는 게 너무 재미있어!"

"보다 넓은 세상이 보고 싶어!"

이런 생각으로 걱정 많은 아버지의 반대에도 불구하고 나는 중학교 때 혼자서 용감하게 영국으로 떠났습니다. 그러나 단기 어학 연수는 괴롭고, 도망치고 싶다는 기억만을 가득 안겨준 고통의 시간이었습니다.

그렇게 자신만만해하던 나에게 무슨 일이 일어났던 걸까요?

그곳에서 나를 습격해온 것은 '어떤 말을 해도 통하지 않아'라고 하는 비극, '뭔가를 말하려 해도 단어가 생각이 나질 않아'라고 하는 절망감이었습니다.

공항에서 홈스테이에 도착.

"혹시 이 집에 규칙(rules)이 있나요?" 하고 물어보는 나에게 홈스테이 여주인이 "Huh? Lules? What's that?" 하고 몇 번이나 되묻는 거예요. 그리고 아직 '꼼수 영어의

중학교 교과서에 나올 것 같은 대답을 하는 나

유카 열여섯 살 in 영국

힘'을 몰랐던 나는 오로지 같은 표현만을 반복했고, 결국 어깨를 들썩이는 그분을 보고 홍당무가 되어버린 것이 나의 영국에서의 첫날 기억입니다.

이뿐만이 아니라 시련은 계속되었습니다. 아직 열여섯 살이었던 나는 어리고, 여리고, 예민했습니다. 갈기갈기 구겨진 마음을 간신히 다잡고 일본에서 가지고 온 토산품(종이접기)을 밤에 이층 내 방에서 부랴부랴 포장해가지고 내려왔습니다. 그리고 "This is ...(토산품이 뭐지?)" 하고 사전을 펼쳐 souvenir라고 말하고, 종이를 접으며 설명하려 했습니다. 하지만 이번에는 '학'을 영어로 뭐라고 하는지가 생각이 안 나 "This is (학이 영어로 뭐였지?)" 하고 다시 사전과 씨름을 하면서 "This is 음… 에…." 하며 필사적으로 설명을 해보려 했지만 시간만 흘러갔고 점점 방 안에는 어색한 공기가 가득해져 갔습니다.

결국 사람들이 한 사람씩 방으로 들어가 버리고, 마지막까지 내 말을 열심히 들어주시던 여주인마저도 소파에서 잠이 들고 말았습니다.

그녀를 이대로 잠들게 하면 감기라도 걸릴지도 몰라 하는 생각에 일어나시라고 해야 하는데 excuse me였나, '아냐아냐, 죄송해요'로 이해하면 어떻게 해? '일어나세요'는 awake? wake up? 이것도 좀 건방진 말이 아닐까? 이렇게 혼자서 고민에 빠져 있는 동안에 뭔지 모를 서러

참고

crane
학
origami crane
종이학

199

움이 엄습해오는 거예요. 이렇듯 영국에서 절망적인 시간을 보내고 있던 나에게 가장 큰 일격을 가해왔던 것은 학교 수업 시간 중에 생긴 일입니다.

일본인 학생과 다른 나라 학생은 수업을 받는 자세가 근본적으로 달랐습니다. 나는 '이 사람들 말이 좀 무례한 거 아냐?' 하고 몇 번이나 어안이 벙벙했습니다. 그 가운데에서도 수업에 방해가 될 정도로 지나치게 떠드는 그리스인 소년이 있었습니다. 나보다 연하로 열세 살 정도. 그 아이가 나를 나락의 밑바닥으로 내동댕이쳤습니다.

어느 날 수업 도중에 동물원 이야기가 나왔습니다. 나는 '일본에는 기린이 있습니다'라고 말하려고 입을 연 순간 '기린은 영어가 아니었지' 하는 생각이 들었습니다. "음… 에… 기린…. 기이인… 에…." 하고 내가 시간을 잡아먹고 있자 그리스 소년이 나에게 던진 한마디.

"**Shut up and sit down.**"(닥치고 앉아.)

마음이 꽁꽁 굳는 듯한 싸늘한 충격이 나를 엄습해왔습니다. 그다음은 전혀 기억이 나지를 않지만, 어렴풋이 눈에 눈물이 가득 고였고 여기서 울어서는 안 된다고 주문을 외면서 화장실로 갔던 것 같습니다.

그리고 귀갓길 공중전화로 달려가 당시만 해도 엄청 비쌌던 콜렉트 콜로 일본에 전화를 걸었습니다. 수화기를 움켜쥐고서는 "여보세요" "엄마?" 이 두 마디만 한 채 10분간 아무 말도 하지 못했습니다. 그 10분 동안 엄마가 들었던 것은 나의 흐느낌뿐이었습니다. 의기양양하게 해외로 어학 연수를 간 딸이 수화기를 들고 한참을 울고 있다. 응원하며 나를 보낸 엄마는 어떤 심정이었을까요?

이 영국 체험을 통해 '사전을 사용한 커뮤니케이션' 방법에 트라우마를 느끼게 된 나는 여러 해결책을 모색하기 시작했습니다. 그러다 미국 휴스턴에서의 대학시절 운명의 사람과 만나게 됩니다. 바로 현재의 남편입니다. 그는 나처럼 중학교 때 처음 영어를 시작했고 혼자서 미국으로 건너가 대학을 다녔습니다. 그리고 나와 만났을 때는 미국인들과 농담을 하고 웃고 즐기는, 외국인이지만 모두에게 능력 있는 친구라고 인정받고 있었습니다.

유카 스물세 살 in 휴스턴

윙~ 윙~

태풍으로 인해 기숙사에 누수가 생겨 곰팡이 방지를 위해 에어컨을 15도로 설정했다.

으악! 미국의 해결 방법이란 정말 달라.

콜록

콜록

유카 스물세 살 in 미국

    나는 이런 '그(남편)=영어 상급자'가 이야기하는 말을 분석하기 시작했고 충격을 받았습니다. 바로 꼼수 영어의 비결을 알게 된 것입니다. 꼼수 영어를 통해 버리기 표현법을 터득하게 되면서 나의 영어 커뮤니케이션 능력은 비약적으로 향상되었습니다. 해외 친구들과 수다를 떨고, 고민을 토로하고, 격려도 하며, 웃고 즐기면서 관계가 깊어졌습니다. 지금도 이 친구들과 우정을 이어나가고 있습니다.

    과거 나는 '올바른 영어' '올바른 표현' '정확한 답변'을 추구했고 '영어의 힘은 곧 단어'라고 믿었습니다. 그 결과 의미가 전달되지 않는 우스꽝스런 영어로 커뮤니케이션을 하려드는 상황을 스스로 만들어왔던 것이었습니다.

유카 열여섯 살 in 영국

곤란해졌을 때는 먼저 I mean~ 하고 말하면 통할 거야!

일본인 유학생에게 실용적(?)인 충고를 듣다.

아, 그런 거야?

"나는 절대 영어는 안 되나 봐! 지금도 그리고 앞으로도…. 눈앞은 깜깜해지고 해도 해도 안 되잖아. 생각이 말로 안 돼."

이 억울함과 애절함과 처절함을 생각하면 지금도 눈물이 흐릅니다.

지금 이 순간 그때의 나와 같은 생각을 하는 사람이 있다면, 단 한 사람이라도 제가 구해드리고 싶습니다.

원어민도 아니고, 외국에서 오래 살다온 사람도 아닌 영어라고 하면 눈물로 얼룩진 상처투성이가 먼저 떠오르는 나이기에 그런 사람을 도울 수 있지 않을까요? 누군가 과거의 나처럼 해도 해도 모르는 단어 천지로 현재 영어회화와의 싸움에 패해 처절하게 쓰러져 있는 상태라면 내가 달려가 어깨를 다독여주고 싶습니다. 그런 기분에서 이 책을 쓰게 되었습니다.

이 책을 통해 당신의 세계가 조금씩 넓어져간다면, 새로운 가능성을 느끼게 된다면 그보다 더 행복한 일은 없을 것 같습니다.

마지막으로 지금까지 나를 응원해주신 많은 분들에게 지면을 빌어서 감사를 드립니다.

'꼼수 영어'란 이름을 지어주시고, 이 책을 출판할 수 있도록 기회를 주신 나카야마 마코토 선생님, 전업주부에서 세미나 강사로 입문할 수 있도록 기회를 주신 타케이시 츠요시 선생님, 세미나 관계자 여러분, 첫 학생으로 손을 잡아주신 카리스마 보이스 트레이너인 아키다케 토모코 씨, 이 모든 분들이 없었다면 지금의 나도 없었을 것입니다. 정말 감사합니다.

학생 여러분, 또한 여러분의 활약이 저에게 얼마나 큰 용기를 주었는지 모릅니다. 꼼수 영어 클럽 멤버 여러분, 그리고 네이티브 관점에서 여러 가지 조언을 해주시는 텐도 씨, 언제나 감사합니다. 이 책에 삽화를 그려주셔서 웃음과 색채, 멋진 세계관을 전해주신 호시노 유미 선생님, 제가 선생님께 반해서 공저를 부탁드렸습니다만 만날 때마다 그 매력이 더해져갔습니다. 정말 감사합니다.

영국은 무슨 영국이냐 하고 나를 진심으로 걱정해주시

면서 격려해주신 아버지. 내가 절망할 때마다 언제나 '이건 기회야'라며 어깨를 다독여주신 어머니. 나에게 '꼼수 영어'의 비결을 알려준 남편. 언제나 나에게 에너지를 주고 모든 상처를 치유해주는 딸. 이 모든 가족의 응원이 없었다면 여기까지 올 수 없었습니다. 정말 진심으로 감사드립니다.

이 책이 많은 사람들에게, 아니 단 한사람에게라도 도움이 되기를 바랍니다. 과거 영국에서 눈물로 보낸 열여섯 살 소녀의 경험이 이 책과 만나는 분들에게 희망이 되길….

사랑을 담아
아오키 유카

번외편

유카 선생님의
꼼수 영어 클럽에 가봤다

취재입니다.

'꼼수 영어 클럽'은
유카 선생님이 월 1회 하는
이벤트로 다양한 분야의
사람이 하는 이야기
(우리나라 말)를 들은 후에
영어로는 어떻게 말할까를
논의하는 자리입니다.

유카 선생님의
사람 됨됨이를
보고

캐릭터도 잡으려는
계획입니다.

일하는 중입니다.

오늘의 주제는
'차와 가부키'

맛있는 차와
과자를 받고

가부키의 역사와 관람 방법,
우화를 듣습니다.

가부키를 설명하는
나리타 씨

알아두면 좋은 영어 공부법

아오키 유카(영어 선생님) X **호시노 유미**(만화가)

호시노 나는 학생시절 정말 영어 성적이 안 좋았는데…. 유카 선생님은 학생시절 어떻게 공부했나요?

아오키 흔히 알고 있는 공부 방법은 모두 시도해봤어요. 우선 한동안은 단어집을 만들어 통째로 암기하려고 씨름했죠.

호시노 '시험에 나오는 영단어' 'A부터 시작하는…' 이런 거 맞죠? 처음에 이 단어가 나오죠. 'abandon 포기하다, 그만두다' 아, 그래 포기했다, 포기했어. 흐흐.

아오키 지금 생각하면 단어집 공부가 제일 시간 낭비였어요.

호시노 넷!! 왜죠!?

아오키 이건 체험담인데요. 스물여섯 살 때 미국의 공인회계사 공부를 시작했는데 당시 나는 습관처럼 '먼저 단어집'을 만들어 통으로 단어들을 암기하려고 했죠. 그런데 지금의 남편이 못하게 말렸어요.

호시노 남편분도 공인회계사 공부를 했나요?

아오키 네. 그가 먼저 합격해서 여러 조언을 들었어요. 단어집은 만들 필요가 없다고요.

호시노 그래도 전문용어가 나오니까 미리 그런 단어를 모아 외워두면 좋지 않나요?

아오키 네, 저도 그렇게 생각했어요. 그런데 전문용어는 공부하

는 동안에 몇 번이고 반복되어 나오기 때문에 일부러 그
것을 따로 암기할 필요가 없다는 거죠. 자연스럽게 암기
가 된다고 하더라고요.

호시노 아하, 역시!

아오키 전문 분야에서 영어를 배우는 게 실은 지름길이에요.

호시노 전문 분야요? '일상회화가 가장 쉬운 거 아냐' 하고 사람
들이 늘 말하잖아요.

아오키 그래요. 사람들은 모두 '일상회화에서부터 공부해야 합니
다'라고 말하지만 실은 그게 좌절의 근본 원인이에요.

호시노 거짓말!

아오키 정말이에요(웃음). 일상회화란 정말 광범위해요. 넓은 풀
에는 물을 채우고 채워도 단번에 수위가 높아지지 않잖
아요.

호시노 그렇죠.

아오키 반대로 컵 같은 작은 곳에 물을 넣으면 금방 차서 넘치게
됩니다.

호시노 작은 컵이 전문 분야인 거네요.

아오키 그래요. 자신이 관심 있는 전문 분야로 좁혀서 공부하고
그것을 넓게넓게 응용해가는 것이 가장 지름길인 거죠.

호시노 전문 분야라… 어떡하죠, 어떤 게 좋을까요. 저는 공인회
계사 자격은 필요 없는데요(웃음).

아오키 제가 말하고자 하는 것은 자신이 관심 있어 하는 분야

로, 자신의 과거 경험을 10분 정도 프레젠테이션해보는 거예요.

호시노 나라면 포토샵 사용법이 되나. 듣고 싶어 하는 사람이 별로 없을 것 같은데요.

아오키 그렇지 않아요. 앗, 그래요. 기르고 있는 멍멍이에 대한 것은 어떨까요?

호시노 맞다. 강아지는 분명 내 인생의 전부이니까요. 여름은 산책을 해야 해서 새벽 4시에 일어나요. 멍멍이는 우리 집에서 가장 소중한 보물이에요. 너무 사랑스러워 어쩔 줄 모르겠어요.

아오키 그거예요. 작성한 10분 프레젠테이션 원고를 앞에 두고 외국인을 상대로 30분은 회화를 이어갈 수 있어요.

호시노 오호. 역시 상상만 해도 두근거려요. 그렇게 하면 할 수 있을 것 같아요. 할 수 있다는 기분 정도?

아오키 그럼 당신에게 영어 프레젠 콘테스트를 적극 추천합니다. 발표일도 정해져 있으니 도망치지 말고, 수락하셨어요(웃음). 제가 주관하는 '꼼수 영어 스쿨'에서 영어 프레젠 콘테스트를 하고 있어요.

호시노 넷, 안 돼요. 호호호.

아오키 자, 자신감을 가져요.

프로 만화가 **호시노 유미**ほしの ゆみ

학창시절부터 영어 포기자였던 그녀는 수리 쪽에 탁월한 재능이 있어 이과를 선택했다. 졸업과 동시에 결혼 후 만화를 그려 투고하였다가 얼떨결에 데뷔해 이곳저곳에 만화를 연재했으나 자동응답기의 메시지 확인을 잊어 연재가 중단되기도 했다. 그러다 〈그림일기라도 써볼까?〉를 인터넷에 개설, 본인의 일상생활을 만화로 모든 사람에게 알리는 작업을 하고 있다.

저서로는 《아내는 마리나제 1~3》《치와와가 집에 왔다1~3》《맛있는 남편 라이프》가 있다.

만화로 배우는
딱! 쓰리 영어회화 활용편

초판 1쇄 발행 2017년 2월 20일
개정판 1쇄 발행 2021년 1월 6일

지은이 아오키 유카 · 호시노 유미
옮긴이 김숙희 · 강은정
펴낸이 이범상
펴낸곳 (주)비전비엔피 · 비전코리아

기획 편집 이경원 차재호 김승희 김연희 고연경 황서연 김태은 박승연
디자인 최원영 이상재 한우리
마케팅 이성호 최은석 전상미
전자책 김성화 김희정 이병준
관리 이다정

주소 우)04034 서울특별시 마포구 잔다리로7길 12 (서교동)
전화 02) 338-2411 | **팩스** 02) 338-2413
홈페이지 www.visionbp.co.kr
이메일 visioncorea@naver.com
원고투고 editor@visionbp.co.kr
인스타그램 www.instagram.com/visioncorea
포스트 post.naver.com/visioncorea

등록번호 제313-2005-224호

ISBN 978-89-6322-175-5 14740
    978-89-6322-173-1 (SET)

· 값은 뒤표지에 있습니다.
· 잘못된 책은 구입하신 서점에서 바꿔드립니다.

이 도서의 국립중앙도서관 출판예정도서목록(CIP)은 서지정보유통지원시스템 홈페이지(http://seoji.nl.go.kr)와 국가자료공동목록시스템(http://www.nl.go.kr/kolisnet)에서 이용하실 수 있습니다. (CIP제어번호 : CIP2020049490)